特色小镇创建规划与实操案例全指导

TESEXIAOZHEN CHUANGJIAN GUIHUA YU SHICAO ANLI QUANZHIDAO

陈 盛 ◎ 主编

甘肃科学技术出版社

图书在版编目（CIP）数据

特色小镇创建规划与实操案例全指导 / 陈盛主编. -- 兰州：甘肃科学技术出版社，2020.12
ISBN 978-7-5424-2803-5

Ⅰ.①特… Ⅱ.①陈… Ⅲ.①小城镇—城市建设—研究—中国 Ⅳ.①F299.21

中国版本图书馆CIP数据核字（2021）第001970号

特色小镇创建规划与实操案例全指导
陈　盛　主　编

责任编辑	何晓东
封面设计	九章文化
版式设计	九章文化
封面供图	图虫公司

出　版	甘肃科学技术出版社
社　址	兰州市读者大道568号　730030
网　址	www.gskejipress.com
电　话	0931-8773023（编辑部）　0931-8773237（发行部）
京东官方旗舰店	http://mall.jd.com/index-655807.html

发　行	甘肃科学技术出版社　　印　刷　北京毅峰迅捷印刷有限公司
开　本	880毫米×1230毫米 1/32　印　张　9　字　数　195千
版　次	2021年6月第1版
印　次	2021年6月第1次印刷
印　数	1~10000
书　号	ISBN 978-7-5424-2803-5　　定　价　23.90元

图书若有破损、缺页可随时与本社联系：0931-8773237
本书所有内容经作者同意授权，并许可使用
未经同意，不得以任何形式复制转载

目录 Contents

第一章 特色小镇与相关概念的比较

第一节 特色小镇和园区的三点共性 / 003

第二节 特色小镇和园区的三点差异 / 007

第三节 特色小镇创建规划的背景 / 012

第四节 特色小镇与新农村、工业园区、产业新城的关系 / 015

第五节 特色小镇的发展现状 / 017

第二章 特色小镇的内涵与模式

第一节 特色小镇的定义 / 023

第二节 特色小镇是一种新的经济发展模式 / 028

第三节 特色小镇之"特"的内涵 / 032

第四节 IEPCO 模式下的特色小镇 / 035

第三章 特色小镇创建规划的难题与误区

第一节 特色小镇创建规划的难题 / 041

第二节 特色小镇创建的乱象与误区 / 048

第三节 特色小镇发展乱象的解决思路 / 054

第四节 特色小镇创建的政府引导和绩效考核 / 057

第五节 特色小镇不等于房地产小镇 / 064

第四章 特色小镇创建规划的政策指引

第一节 特色小镇相关用地政策 / 071

第二节 特色小镇相关财政政策 / 076

第三节 特色小镇相关金融政策 / 086

第五章 特色小镇创建规划的科学路径

第一节 坚持"特色"生命线 / 105

第二节 产业支撑 / 110

第三节 产业规划 / 114

第四节 关键要素——"钱""人""地" / 120

第五节 人才的引、留、用 / 126

第六节 "双创"提供核心竞争力 / 129

第七节 "互联网+"特色小镇 / 131

第六章 特色小镇建设的商业模式

第一节 特色小镇创建的开发运营模式 / 137

第二节 特色小镇创建的主体 / 141

第三节 政府的角色和功能定位 / 145

第四节 特色小镇创建中各方的机遇 / 149

第五节 特色金融助力特色小镇建设 / 151

第六节 特色小镇建设的投融资方式 / 160

第七章 物联网打造智慧特色小镇

第一节 特色小镇智慧化建设方案 / 171

第二节 特色小镇智慧化平台解决方案 / 181

第八章 特色小镇创建与申报流程

第一节 特色小镇的发展方向 / 185

第二节 特色小镇的规划与申报 / 188

第三节 特色小镇的评估 / 201

第四节 特色小城镇的五大核心指标 / 206

第九章 特色小镇实操案例

第一节 "国家样板"特色小镇 / 213

第二节 智造产业项目小镇 / 227

第三节 旅游产业特色小镇 / 233

第四节　金融产业特色小镇 / 239

第五节　汽车工业特色小镇 / 242

第六节　航空特色小镇 / 245

第七节　艺术主题特色小镇 / 248

第八节　互联网创业特色小镇 / 254

第九节　创意农业特色小镇 / 258

第十节　历史文化特色小镇 / 261

第十一节　主题娱乐特色小镇 / 266

第十二节　健康疗养特色小镇 / 270

第十三节　风情主题特色小镇 / 274

参考书目 / 279

第一章

特色小镇与相关概念的比较

第一节　特色小镇和园区的三点共性

特色小镇火爆后，一些传统大体量的园区在升级改造后也直奔特色小镇而去。相比较于特色小镇，工业园区的发展在中国起步较早，经过了几十年的发展，全国各地开发区、工业园区、产业集聚区、高新区等产业园区的招商平台与管理体系都相对比较完善，一些产业园区的配套服务也比较完善。而面对特色小镇这一新的发展模式，产业园区是否有必要延伸成特色小镇，成为当下的一个焦点。从本质上而言，产业园区与特色小镇之间的发展理念并不相同，产业园区更侧重于产业的集聚，在传统的规划中更多的是考虑工作环境与配套的问题；而特色小镇则更侧重于产城融合，是以产业为依托将生活与居住、休闲等要素融合考虑的一种模式。

特色小镇和园区的三点共性：

一、两者都重视产业发展

园区和特色小镇两者之间有一个非常类似的共性，就是都关注、重视产业发展，或者说产业是两者的核心。特色小镇与工业园区、产业园区和企业园区之间的共性在于它们都是以产业为依托，以产业为支撑，强调主导产业的发展。

无论是特色小镇还是园区，两者都重视产业发展，如产业定位、产业特色、产业平台等，强调高端要素和优质产业的集聚，以新理念、新机制、新载体推进产业集聚、产业创新和产业升级，重视产业特色、集聚与创新。不论是国外成熟的特色小镇，还是国内标杆的浙江特色小镇，都尤其强调产业特色是重中之重，也揭示了产业对于小镇发展的基础性支撑。

二、两者都聚焦战略新兴产业

园区在转型升级过程中，其定位与相关产业的引进都基本保持着与国家产业发展战略方向一致的步伐，都非常关注节能环保、新一代信息技术、生物、高端装备制造、新能源、新材料和新能源汽车等战略性新兴产业。

相比较于传统的产业园区，特色小镇在产业定位上更符合时代的趋势，其核心主要聚焦于信息经济、环保、健康、旅游、金融、高端装备制造等产业。传统的工业、产业园区的产业发展方式多以劳动密集型为主，特色小镇更是优中选优，倡导打造"高精尖"特色。环保与"轻、新"的产业业态是其核心特征，比如，云计算产业生态小镇——云栖小镇、互联网小镇——乌镇、玉皇山南基金小镇等，均围绕着"轻、新"产业业态，彰显了聚焦战略新兴产业和产业发展升级。

三、两者都重视产业集群

不论是产业园区，还是当前的特色小镇，在产业定位上都以集群的发展思路为主导，重点都是关注将"业"集聚起来，两者都重视推动"同质化竞争"向"差异化发展"转型。二者都积极搭建资源集约化、产业集群化的产业体系和空间格局，形成独特的竞争优势。两者都重视新兴战略性产业的培育、集聚。

二者将产业布局的重点都放在金融、互联网、新能源、研发、设计、创新等上游领域及电子商务、物流、会展、策划等存在较大利润空间的下游领域；延伸产业链条、拓展产品种类，实现区域经济的结构化优化与升级。两者都强调为招商引资营造良好环境，创新与加快制定和落实相关优惠政策。例如对项目建设用地给予重点保障，在企业投资、科技创新、人才引进、员工子女就学等方面予以重点倾斜。

第二节 特色小镇和园区的三点差异

一、特色小镇的特色不限于产业

虽然有共性的地方,但特色小镇与工业园区、产业园区又有本质区别。首先,特色小镇强调的是特色产业与新型城镇化、城乡统筹、美丽中国、美丽乡村等结合,是一种产业与城镇有机互动的发展模式;其次,特色小镇更多针对的是小城镇、城市中的城中村改造,讲求其产业、居住和服务等空间功能布局的紧凑、协调、和谐,重点在于将工作、居住、生活三者融合在一起的新型生活模式。而工业园区、产业园区过去大多规模较大,用地粗放,居住、服务等功能不够完善,对附近的城市依赖性强。

从土地规划的空间上可以看出，三部委提出的国家级特色小镇更多关注城市圈、卫星城镇、重点镇、边远城镇对农村腹地的梯度辐射，是城镇化建设的重要抓手。无论是住建部、国家发改委、财政部《关于开展特色小镇培育工作的通知》中倡导的建制镇国家级小镇，还是浙江省的特色小镇都明确了特色小镇的产业定位、文化内涵、旅游和一定社区功能的发展空间平台，而区别于产业园区。国家"十三五"规划纲要及各部委所发布的一系列文件都提出特色小镇要因地制宜，发展特色鲜明、产城融合、充满魅力的小城镇。

尤其浙江的特色小镇，比如云栖小镇、滨江物联网小镇等，都不同于传统的单一以生产主导的产业园区，而是加入了文化、旅游和社区（生活）的考虑，具有产城融合的特征。其更加注重功能叠加，在自有特色产业的基础上，注重旅游开发、文化等产业。可以看出，特色小镇不同于以产业为主体、主要作为发展工具和空间载体的产业园区，而是以居民的"安居乐业"为主体，具有多元的功能、完善的服务、社区的认同、浓郁的生活氛围。

二、特色小镇离不开特色产业

特色小镇不是单纯的以工业制造业为主的园区开

发。从产业本身来看，特色小镇所承载的产业，如云计算、基金、互联网创业等更具创新性，而且需要以新理念、新机制和新技术、新模式来推进产业集聚、产业创新和产业升级。这与产业园区的单一性产业集聚是有所区别的，特色小镇将体现更强的集聚效应，释放产业、生活、商业、文旅等多层次叠加效应，会形成一种新的经济业态。

特色小镇的产业特色体现在五方面：一是以互联网、物联网等IT科技产业为主，围绕大数据、金融、云计算、物联网等科技发展趋势的高附加值产业为发展动力；二是以制造业转型升级为引领，以智能制造为牵引力的战略性新兴产业、第三产业为主，重点在于研发设计；三是以服务传统产业转型升级为主，从加工、制造向设计、品牌、展示转变，重点在于营销策划、服务、咨询等智力服务产业；四是以休闲度假旅游为主，满足市民短期、重复、特色需求，如飞行小镇重点在于体验式旅游与休闲服务；五是以体育、影视、教育等文化创意为主题的特色小镇，重点在于培育创意产业的发展。

此外，特色小镇的社区功能也是其与园区开发的重要区别，可以说园区重点在于产业规划，并未结合社区及人文、旅游等多重叠加的功能。可见，特色小镇还承载了除产业以外的居住、生活、文化、旅游等其他功能。

特色小镇的特色不只限于产业，城镇格局、建设风貌、自然景观、历史人文、生态环境、生活方式等都可能形成特色。因此，以产业为主导的特色小镇，与现有的产业集聚区、产业园区也不能混为一谈。

三、特色小镇更讲求产城融合

当然，也不乏有些园区在升级改造后可以向特色小镇方向发展。从目前已经公布的名单中可以发现，特色小镇的崛起并不是一场单一的运动，更不是政府贸然实施的形象工程，而是实现城镇化的一个抓手与推力。

当前，产城融合在一些城市的改造以及新城区的发展中有着举足轻重的作用，但经过多年的发展之后，在土地方面出现了比较严重的供需矛盾。从供给侧结构改革层面来看，单一的依赖简单的土地财政显然走入了困境。而目前的趋势又是资源在不断地向一二线城市集聚，如各大地产开发商集体涌入一线和二线城市，所以新城大规模开发的概念愈演愈烈，从目前的实际情况来看，土地供给已经出现困难，未来这种模式势必难以为继。从需求侧来看，三四线城市在经济、产业、人口导入等综合评价指标方面，难以达到开发商的选址标准，容易被排除到扩展布局范围之外，因此会出现一二线过热、三四线过冷的局面。

因此，特色小镇是依托产业为载体，围绕产业、就业来完善生活、娱乐、休闲等多重功能叠加的小镇。而一些文化创意类的特色小镇，尤其是文化、旅游等特色资源的小镇，在产业载体上相对偏弱，难以充分利用比较优势来发展，对于推动产城融合的发展模式而言，其推动力相对乏力。当然，特色小镇与传统意义上的建制特色小镇之间存在着本质的差异，传统意义上的建制特色小镇基本上由过去的产业镇优化升级转变而来，规划相对固化，与当下的特色小镇并非同一概念。

第三节　特色小镇创建规划的背景

在中国经济进入新常态时期，宏观经济环境变得错综复杂，面对"三期叠加"的巨大压力，支撑中国经济高速增长的两大主导因素——工业化和城镇化，几乎同时进入了换挡回调通道，中国经济进入了发展相对缓慢的时期。"三期"即：增长速度换档期，是由经济发展的客观规律所决定的；结构调整阵痛期，是加快经济发展方式转变的主动选择；前期刺激政策消化期，是化解多年来积累的深层次矛盾的必经阶段。为助推中国经济持续发展，国家层面出台了"新型城镇化"和"大众创业、万众创新"两大对内解决方案。此时，"新型城镇化"和"大众创业、万众创新"落实的空间承载和市场动力释放，特色小镇成为最佳选择之一，主要体现在以下两方面。

一、城市化进程面临困境，特色小镇是破解城镇化改革难题的一剂良方

中国的城市化进程是举世罕见的，仅用不到30年的时间几乎走完了西方国家300年的城市化历程。然而，这种高速的城市化一定程度上是以透支未来为代价的。一方面，疯狂的造城运动，让很多大中型城市陷入"大而不当"的危机，人口拥挤、交通堵塞、就业困难、贫富分化、环境污染、生态破坏等一系列"城市病"集中爆发。最为重要的是在一些城市严重超过居民购买力的城市高房价与大量存量物业空置并存，使得城市经济让部分人开始担忧。另一方面，资源过分向大中城市集聚，直接造成了一些乡村的经济崩溃和劳动人口的流失，人口空心化、服务不平等、无产无业、文化瓦解、空间肢解，乡村经济开始出现乏力，城乡矛盾比以往任何时刻都更显尖锐。特色小镇的提出，无疑为中国的城镇化提供了一条相对明确可行的解决道路。特色小镇关于疏解城市资源和功能、发展乡镇经济、促进中小城市复兴的理念和做法，将是解决"城市病"及缓解城乡矛盾的一箭双雕之策。

二、实体经济进退两难,特色小镇成为最佳产业动力释放空间

在"三期叠加"(增长速度换档期、结构调整阵痛期、前期刺激政策消化期)的巨大压力下,当发展触碰到"天花板",当旧有路径难以为继,就需要通过创新来寻找新的经济发展模式。而特色小镇,将是激发创业创新的重要平台,也是提高与增强国家产业竞争力的有效手段。特色小镇成为经济新常态下加快区域创新发展的必然战略选择。

第四节 特色小镇与新农村、工业园区、产业新城的关系

一、特色小镇与新农村的关系

全面推进新农村建设,是构建和谐社会的一项基础工作。而充分挖掘产业特色、人文底蕴和生态禀赋,用新理念、新机制、新载体来推进"特色小镇"建设,在城镇与农村的交汇处打造一个新的经济发展平台,能有效带动农村人口的城镇化转移,也能充分解决就业。因此,加快建设一批产业特色鲜明、人文气息浓厚、生态环境优美、兼具旅游与社区功能的"特色小镇",必将有力推动新农村建设。

二、特色小镇与工业园区的关系

特色小镇不是单纯的以工业制造业为主的园区开发。与工业园区只承担工业产业集聚发展的功能不同，特色小镇还承载了除却工业以外的居住、生活、休闲、文化、旅游等其他功能。特色小镇的特色不只限于工业，产业只是特色小镇的一项载体而已，而这项载体并不局限于工业产业，更多的则是以战略性新兴产业与第三产业为主。

三、特色小镇与产业新城的关系

特色小镇可以简单地理解为新型精品镇，是一种按创新、协调、绿色、开放、共享的发展理念，结合自身区位与资源优势，找准产业定位，进行科学规划，挖掘产业特色、人文底蕴和生态禀赋，实行产城融合、服务配套、管理健全的发展模式。从目前特色小镇的相关指导文件以及已经获得国家批准的特色小镇来看，其与产业新城发展模式存在着一些共性的特征。当然，特色小镇相对更精致、更符合当前中国国情。

第五节　特色小镇的发展现状

2016年7月，住建部等三部委联合发布了《关于开展特色小镇培育工作的通知》，决定在全国范围开展特色小镇培育工作，计划到2020年，培育1000个左右各具特色、富有活力的特色小镇，引领带动全国小城镇与特色小镇建设风潮。自此，特色小镇成为新农村、新型城镇化后中国城乡发展的又一发展新模式，成为城镇化建设的一大重要抓手。从目前的文件要求来看，特色小镇的要求是环境美丽宜居，产业丰富，集休闲旅游、金融、商贸物流、现代制造、教育科技、传统文化等多种业态为一体，投资规模巨大，对中国的城镇化具有巨大的推动力。

截至2017年11月，全国共有20个省份提出特色小镇创建计划，总计划数量已超过1500个，2017年7

月27日，住建部公布了第二批276个特色小镇名单，加上2016年的第一批特色小镇127个，目前全国特色小镇一共有403个，结合剩余尚未公布计划的省份推算，全国至少将会出现2000多个省级特色小镇，都将成为国家千镇计划的后备军。

大部分省份将小镇的建设时间划定为3~5年，其中共有15个省份将时间限定在"十三五"期间完成百镇计划，与国家千镇培育计划时间保持同步。

从政策上看，国家高度重视特色小镇发展，分别从土地、财税、金融等多个方面在经济上大力支持特色小镇发展，从2016年开始将特色小镇创建列为农村重点工作之一，各部委、地方政府陆续出台相应政策，支持特色小镇创建工作，特色小镇进入了国家层面推广的新阶段。整体上来看，各地在金融方面政策差距较小，但在土地和财政支持方面具有较大差异。天津、云南、福建、江苏、浙江对特色小镇的扶持力度较大，在土地、财政方面均给予多种优惠政策；浙江、江苏、山东等地在土地、财政方面侧重于考核后奖惩，河北、重庆、江西、甘肃、湖北等地则侧重于优先支持；辽宁、海南等地目前仅给予一定程度的资金支持，扶持力度相对较小。

从区域分布看，长三角地区经济发展活跃、居民收入水平相对较高，为特色小镇发展奠定了经济基础；京津冀地区相较之下，特色小镇数量偏少，未来仍具备较大发展空间。江苏、浙江、山东三省更加注重特色小镇培育，三省位列特色小镇总量前三，第二批特色小镇入选数量是第一批入选特色小镇数量的两倍。

从产业分布看，超过60%的特色小镇为传统产业升级，如旅游、文化、农林牧渔等，其中以旅游产业为主的小镇占比达到37%，超过1/3，以文化产业为主的小镇占比达16%，二者之和达到53%，仅文旅类小镇便超过特色小镇总量的50%。信息、健康、时尚、金融、环保等新兴产业占比在30%以上，相对较少。为促进产业转型升级，国家在第二批特色小镇申报时提出"以旅游文化产业为主导的特色小镇推荐比例不得超过1/3"，对新兴产业给予更多的政策倾斜。

第二章

特色小镇的内涵与模式

第一节　特色小镇的定义

当前，中国与世界发达国家之间的差距正在逐步缩小。随着城镇化进程的加快，农村人口与城市边缘地带人群如何有效地导入城市以及城市新生一代的力量如何有效地融入城镇中，成为当前摆在城镇化道路上的重要问题。特色小镇由此孕育而生。

作为加快新型城镇化建设的一个重要突破口，培育特色小镇是2017年从中央到地方都在大力推进的重要任务。2016年10月14日，住房和城乡建设部公布了第一批中国特色小镇名单，进入这份名单的小镇共有127个，其中浙江8镇入选，位列榜首，其次的江苏、山东和四川各有7镇入选。

从入选名单可以看出，浙江占比重最高。而特色小镇的模式也正是起源于浙江，之后在全国迅速发展。不过特色小镇并非浙江原创，在国外已经有着比较悠久的历史，也沉淀了非常多知名的特色小镇案例。

2016年2月，国家发改委曾出面组织了一场特色小镇的专题发布会，浙江、贵州两省特色小镇的具体负责人参加并谈了相关经验，浙江、贵州被视为特色小镇发展的典型地区，也可以理解为当前的国家样本。尽管当前特色小镇处于爆发期，但对于特色小镇的定义至今并没有明确的表述。但按照住建部、发改委、财政部《关于开展特色小镇培育工作的通知》，特色小镇应具有特色鲜明、产业发展、绿色生态、美丽宜居的特征。

在浙江，特色小镇不是传统行政区划单元上的"镇"，也不同于产业园区、风景区的"区"，而是按照"创新、协调、绿色、开放、共享"的发展理念，结合自身特质，找准产业定位，进行科学规划，挖掘产业特色、人文底蕴和生态禀赋，形成"产、城、人、文"四位一体有机结合的宜居、宜业的重要功能平台。其关键指标要求为：规划空间要集中连片，规划面积要控制在3平方千米左右，建设面积控制在1平方千米左右，建设面积不能超出规划面积的50%。

由此，我们总结出特色小镇的定义：特色小镇非镇非区，并非传统行政区划单元，也不是产业园区，而是相对独立于市区，有明确产业定位、文化内涵、旅二是政企合作、联动建设。政府做好大规划，联手大企业培育大产业。

三是政府建设、市场招商。政府成立国资公司，根据产业定位面向全国招商。

从发展情况来看，特色小镇通常选择第一种模式，但在一些具有特殊经济条件因素制约的地方，或是一些特定的项目，也会采取混合所有制，或是国资独资的模式来发展特色小镇。

第二节　特色小镇是一种新的经济发展模式

特色小镇从本质上来看，是世界主要发达国家产业竞争力的一种重要载体，是体现一个国家创新能力与产业实力的一种主要载体，也是中国当前经济转型升级的重要抓手。特色小镇的一个核心要素就是产业载体，然后辅以相应的文旅、景观，推动产业升级，盘活区域经济活力。可以说，特色小镇是一种优质产业的集聚区，在集聚产业的同时将人才也集聚在一起，实现一种"安居乐业"的模式。

经过多年的发展之后，北上广深等一线大型城市尽管占据着比较多的配套资源，但房价也正在成为一部分年轻群体进入的门槛，城市竞争力将面临困局。因此，在一线城市的边缘区域以及一些人口导入与区域经济活力下降的城市，通过选定一个特色产业，并以此为依托来构建一个特色小镇，将有效盘活区域经济。从当前一些发达国家的情况来看，很多具有国际竞争力的产业，并非集聚在大型城市的核心区，更多的则是聚集在相对边缘的区域，形成了一个以产业带动居住、人文、休闲的特色小镇。

比如，美国的核心关键产业是金融与高科技，而这两大关键产业都没有集聚在纽约的核心区。美国的硅谷，其实就是由一连串小镇聚集而成的。斯坦福大学附近的帕罗奥图，除去大学校区也就几个平方千米，是硅谷的孵化中心；苹果公司所在的库比蒂诺人口5万多；英特尔总部所在的山景城也就7万多人口。

在欧洲也是如此，比如德国，德国的汽车制造业领先全球，著名的高端汽车品牌——奥迪的全球总部和欧洲工厂都集中在一个叫英戈尔斯塔特的小镇，距离慕尼黑60千米，这个小镇也因此被叫作"奥迪之城"。奥迪英戈尔斯塔特工厂占地大约200万平方米，除了奥迪技术开发部，这里还有冲压车间、装配车间、塑料制品车间、喷涂车间等。奥迪在英戈尔斯塔特的压制车间每天处理1350吨原材料，可以用来生产大约2100辆汽车。但该地区总人口也不过12万，其中奥迪总部所在的英戈尔斯塔特的传统镇区人口则只有两三万人。

英国也是如此，比斯特闻名的奥特莱斯购物小镇以及著名的剑桥大学的所在地剑桥镇，距离伦敦 80 千米，人口不到 10 万，这里是英国教育和科技创新中心。此外，英国最先进的产业——航空发动机制造，也是世界著名的航空发动机公司罗尔斯·罗伊斯的总部就在距离德比市中心大约 4 千米的 Sinfin 小镇上。而德比市也不过是一个总人口 20 来万的小城，距离伦敦 180 千米。

从这些欧美发达国家走的路径来看，特色小镇能够有效破解当前中国所面临的大城市病的问题，是真正能有效盘活与提振区域经济的一大抓手。同时，培育特色小镇也是政府的重要工作，也可以理解为一种新的经济发展模式。

目前，中国大部分的高级人才和高端产业主要集中在大中城市，鲜有集中到小镇的。但这种情况正在发生改变，比如在上海、北京等城市，核心区域基本上以服务等相关配套的办公模式为主，并不承载产业的功能，大部分的产业经过几年的不断调整已经开始搬迁到相对边缘的区域。而目前一些高端产业的人才之所以还未充分地流动到一些边缘区域，一方面是因为相关的配套设施还不健全，另外一个最关键的原因则是特色小镇还未发展完善。一旦宜居、宜业、宜游、宜学等多业态叠加的特色小镇在区域经济中形成，必然将吸引相关产业大量人才的迁移，这也是经济水平和城镇化发展到一定程度之后的必然结果。

可以说,未来特色小镇的强弱将成为国家相关产业国际竞争力强弱的关键表现。因此,严格意义上而言,以文旅为主导的特色小镇在整体中所占的比重将会逐步下降,真正意义上形成国家竞争力的特色小镇是基于产业集聚且是以高端产业为主导的小镇,如教育、IT、物联网、科研、金融、智能制造、生物医药、新能源、新材料等高端人才集聚的产业小镇。

第三节　特色小镇之"特"的内涵

特色小镇，从字面可以了解其关键就在于"特"。不论是住建部主导的特色小城镇，还是国家发改委主导的特色小镇，两者之间都围绕着一个核心，即"特"字展开相应的工作，其内涵主要由以下六方面所构成。

1. 产业"特"

特色小镇需培育发展的主要产业目标是国家新兴战略产业，其中包括新能源、物联网、互联网、金融、文化、设计、教育等，或者是传统经典产业中的某一行业乃至其中的某一环节，主要侧重于核心产业的集聚，而不是像产业园区或特色小城镇那样追求产业集群的完整性或产业链的集聚。

2. 人群"特"

由于特色小镇偏向于新兴战略产业，其从业人员层次相对较高，通常以高智力者、高技能者为主，多有着高学历、高收入，或有着独特思想、才华，与特色小城镇的创业者与从业者的文化层次有一定的差异，特色小城镇基本都是伴随着改革开放的步伐发展起来的，其创业者草根性相对较强。

3. 文化"特"

特色小镇与特色小城镇都对文化特色提出了要求。从目前的特色小城镇来看，文化主要体现在两方面，一是基于产业链集群所形成的一种产业自文化；二是基于当地人文所形成的一种旅游文化。而特色小镇在建立初期就对文化提出了要求，不仅要"特"更要"融"，也就是说既要有反映产业特色的文化，这是集聚力；同时又能融合所在地的人文特色，这是生命力，并将两者在小镇中融合为"特"。

4. 位置"特"

特色小镇通常在选址上偏向于市中心边缘的地带，或是城乡结合的区域，或是希望依托特色小镇带动区域经济的区域。因此，在位置的选择上需要独特的思考，要基于特色小镇这一新经济抓手的核心思想进行规划，借助于区域的人文优势突出选址的"特"。

5. 管理"特"

特色小镇从产业内容方面来看，主要是围绕着国家新兴战略方向进行打造，而这些产业的从业人员通常教育程度比较高，接受新生事物的能力强，乐于创新，对于科技有比较强烈的兴趣。因此，在小镇的管理层面需要充分考虑互联网、物联网、大数据、人工智能等趋势技术，借助这些技术构建智慧管理的"特"，实现小镇的智慧化管理，并与智慧城市进行数据打通与共享。

6. 功能"特"

特色小镇的主要功能是为在小镇中的产业企业提供创业创新所需的办公场所及必要的公共重大装备、实验室、图书馆，包括生活、商业、教育、医疗以及为从业人员提供的舒适、惬意的休闲和人居环境。特色小镇应该是一种创业创新生态圈的空间载体，是"产、人、文、商、旅、居"六位一体、高度融合发展的"复合生态系统"。

第四节　IEPCO 模式下的特色小镇

特色小镇是国家新型城镇化建设、美丽乡村建设、城乡一体化发展的新模式和新路径，有利于促进新一轮土地释放、改善城乡居民生活水平和质量、拉动特色产业发展、带动区域经济发展、解决社区居民就业等，是破解城镇改革所面临的一些问题的有效途径。当前，如果继续依赖政府财政来推动产城建设，政府债务将面临前所未有的压力，因此需要通过新办法、新模式来发展特色小镇的建设。

为了更好地促进特色小镇持续健康发展，在总结以往小镇实践案例和国内外成功特色小镇建设经营经验的基础上，迅速提升特色小镇全程价值的 IEPCO 模式被提出。IEPCO 可以提供特色小镇 IP 孵化、规划设计、PPP 模式、建设施工、运营管理一站式服务。IEPCO 的含义是：I（IP孵化）、E（Engineering，规划设计）、P（PPP模式）、C（Construction，建设施工）、O（Operation，运营管理）。相比较于 IP 或者 PPP 等概念，IEPCO 模式对于很多人而言比较陌生，那么到底什么是 IEPCO 模式？

I：特色小镇 IP 孵化创意解读。"IP"传统意义上是指"知识产权/知识财产"，这里所说的 IP 是核心认知产品，这个 IP 可以理解为核心吸引力、细分到极致的特色产业。换言之，IP 就是独特的"特"。特色小镇 IP 是自身"特"的显示和提炼，也是特色小镇特色产业的描述。纵观目前特色小镇的发展，其 IP 属性种类较多，如影视 IP、动漫 IP、农业 IP、音乐 IP、金融 IP、汽车 IP 等不同 IP 属性。特色小镇通过挖掘和发现 IP 属性，打造自身发展特色，找到小镇发展特色核心产业的支撑。

E：特色小镇策划、规划、设计。特色小镇是按"创新、协调、绿色、开放、共享"的发展理念，结合自身特质，找准产业定位，科学进行规划，挖掘产业特色、人文底蕴和生态禀赋，形成"产、城、人、文"四位一体有机结合的重要功能平台。"特色小镇"是面向未来的新产业生态和成长空间，新常态下建设"特色小镇"，主要是融合产业转型升级、文化资源挖掘、旅游品牌打造等功能，成为传承文化和推进城乡统筹的平台，实现产业、文化、旅游、生态、社区功能的叠加，做到"特而强""聚而合""小而美"。

P：特色小镇PPP模式创新。PPP模式，也称PPP融资，即公私合营模式，是"Public-Private Partnership"的字母缩写，起源于英国的"公共私营合作"的融资机制，是指政府与私人组织或者企业之间，为了合作建设城市基础设施项目，或是为了提供某种公共物品和服务，以特许权协议为基础，彼此之间形成一种伙伴式的合作关系，并通过签署合同来明确双方的权利和义务，以确保合作的顺利完成，最终使合作各方达到比预期单独行动更为有利的结果。

PPP模式将部分政府责任以特许经营权方式转移给社会主体（企业），政府与社会主体建立起"利益共享、风险共担、全程合作"的共同体关系，政府的财政负担减轻，社会主体的投资风险减小。PPP模式是一种非常有效的融资模式。PPP融资模式可以解决特色小镇资金不足、不能持续发展的问题，用政府的财政资金撬动社会资本，弥补特色小镇的资金缺口，拓宽小镇建设的资金来源。

C：特色小镇建设施工。特色小镇的建设施工，既要有整体性思考，也要有因地制宜、因时制宜的把握。产品既要符合相关质量标准、法定规范，又需要结合运营、使用需要，充分尊重小镇特色。根据小镇的主题风格、创意设计，针对小镇具体的内容细节进行营造；建设施工过程中要注重小镇协调性的统一，彰显小镇特色风格，在力求小镇"高颜值"呈现的基础上，保证小镇基础设施、建筑、公共空间、软性展现等方面的实用性、功能性。

O：特色小镇统一经营管理。Operation 即运营管理，这个环节可能是整个 IEPCO 过程中最重要的环节，也是区别于传统乡村建设的核心差异点，我们理解的 IEPCO 整体应该是"OIEPCO"的闭环，以运营思路切入设计和规划，最后以运营管理收尾。

总的来说，IEPCO 模式下的特色小镇，主要体现在以下两方面。

一是政府主导，企业主体。政府负责小镇的定位、规划、基础设施和审批服务，民营企业负责实施、建设、运营、管理特色小镇。

二是政企合作、联动建设。政府做好大规划，联手民营资本，降低政府负债，有效盘活区域经济，做好做精特色小镇。

第三章

特色小镇创建规划的难题与误区

第一节 特色小镇创建规划的难题

当前，中国特色小镇建设如火如荼，从中央到地方各级政府，从东部的浙江、江苏、上海，到西部的四川、陕西、甘肃，从政府部门到各类社会资本，从银行等金融机构到中介咨询机构……都加入到特色小镇建设的大潮中。

特色小镇对经济、环境、人口、产业等都带来了显著的好处，但是不可否认的是，中国特色小镇建设还面临诸多困难和不确定性因素。特色小镇要实现快速健康发展，还有许多难题亟待解决。

一、特色小镇是一种全新的经济形态

与城镇化建设、新农村建设等相比，特色小镇建设

是一个全新的经济领域，在中国还处于起步阶段，不仅政策体系不完善，而且所对应的时空条件也发生了巨大的变化。可以说，当下中国进行的特色小镇建设既没有太多可资借鉴的现成案例，也没有科学系统的理论指导，仍处在探索之中。更进一步而言，特色小镇是各种创新要素的集合：产业创新、机制创新、人才创新、技术创新等，这种创新的难度和强度比之前中国推广的城镇化建设、新农村建设要大得多。

二、特色小镇门槛很高

在一哄而起的特色小镇建设中，特色小镇的门槛往往被忽视。

调研发现，对于"横空出世"的特色小镇，很多人存在认识上的误区，认为不过是在原有行政建制的小镇上增加一点属于小镇的"特色"而已，建设门槛并不高。之所以有这种认识，原因在于：一是中国面积大，行政建制的镇达四万多个，遍及各地，尤其是在人口密集的中东部地区更是随处可见；二是近几年中国新型城镇化建设速度加快，镇域面积不断扩大，因此"小镇"在开发难度上不比普通的建制镇大；三是很多行政建制镇都有属于自己的"特色产业"，如有的地方盛产茶叶，有的地方盛产苹果，还有的地方盛产大葱等等，完全有"特色"的基础。

事实上，特色小镇的门槛很高，并非"想建设就建设""想打造就打造"。小镇虽然面积不大，规划面积只有3平方千米，建设面积只有1平方千米，但是建设难度远高于普通的行政建制镇。以产业为例，许多普通的行政建制镇虽然有所谓的"产业"，但主要局限于"特产"的概念，产业特色不鲜明，没有形成完整的产业链，多数是单打独斗，无法吸引优质的社会资本和大企业，不符合特色小镇的要求。此外，特色小镇还要求具备人文、旅游和社区功能，对照之下，相当多表面上具有"特色"的普通镇是不符合特色小镇要求的。对特色小镇存在的认识误区，将不利于指导今后特色小镇的建设和运营。

进一步而言，特色小镇需要的产业基础、人文底蕴、环境标准、社区功能意味着特色小镇并非处处可建。对此，国家发展改革委城市和小城镇改革发展中心的研究人员表示，很多人只看到表象，误以为特色小镇的门槛很低。业内对特色小镇存在一些误解，如特色小镇只是开发1~3平方千米，无非就是搞一到两个产业，所需要的资本量并不像开发几十平方千米、几百平方千米要求那么大。然而，特色小镇所需要的创新和对应的时空条件与以往完全不同，其所需要的创新要素的集合、创新的难度和强度前所未有，建设特色小镇所需要的条件远远超过了一般综合体、房地产等项目的开发。特色小镇需要相对优越的交通环境，但由于它往往不在大都市的中心区，因此周边并没有太多的资源可以支持它。

三、特色小镇建设周期长

业内专家指出，一个真正的特色小镇，从规划、建设、运营到基本的功能完备，最起码需要20年时间。以浙江省为例，浙江的许多特色小镇开发已持续一二十年甚至更长的时间。不仅如此，浙江相当多的特色小镇是从其他类型的空间、产业开发中脱胎而来的，其扎根某一产业已经有相当长的时间，有着很深的产业基础和文化底蕴。因此，在漫长的建设、运营期，特色小镇的建设成果、产生的效益无法在短期内显现，无论是对政府还是社会资本、金融机构来说都是一大挑战。如果急于在一届政府任期之内打造多少个特色小镇，显然是拔苗助长，违背特色小镇建设规律，将不会产生预期的效果。

建设特色小镇一定要有长远的谋划，正所谓"罗马不是一天建成的"，特色小镇不是三五年就能建成的，不可能一蹴而就。

四、特色小镇建设面临资金困难

特色小镇建设具有涉及项目多、投资规模大的特点。以中国特色小镇的发轫地浙江省为例，统计监测数据显示，2016年前三个季度，130个省级特色小镇创建和培育对象完成固定资产投资（不包括住宅和商业综合体项目，下同）1101.1亿元。其中，第一批36个创建对象投资371.0亿元，平均每个小镇10亿元左右；第二批42个创建对象投资395.7亿元，平均每个小镇9.4亿元。52个培育对象投资334.5亿元，平均每个小镇6.4亿元。创建对象的投资力度明显大于培育对象。省级特色小镇创建和培育对象中，梅山海洋金融小镇固定资产投资额近25亿元，临安云制造小镇、桐乡毛衫时尚小镇、义乌丝路金融小镇、路桥沃尔沃小镇、宁海智能汽车小镇、金华新能源汽车小镇、萧山机器人小镇等的固定资产投资额都在15亿元以上。

中国经济增长放缓。在经历了长达数十年的经济高速增长后，近年来，由于国内国际经济形势发生变化，中国经济步入缓增长。在出口方面，受制于欧美经济不景气和人民币升值，此前一直高速增长的出口不断受到各方因素的挤压。此外，随着中国经济增速逐步放缓，财政收入增长亦随之减速。

政府债务压力大。政府财政压力进一步加大，地方政府融资平台风险成为目前国内金融体系最严重的三大风险之一。虽然总体可控，但部分地区已经出现偿债风险。

多项重大工程面临巨大资金缺口。目前中国推广的几大重点工程，投融资需求都是巨量的。随着中国新型城镇化建设的飞速发展，由此带来高达42万亿元的城镇基础设施建设和公共服务投融资需求。"十三五"期间，中国深入实施大气、水、土壤污染防治"三大行动"计划。国家"大气十条""水十条""土十条"先后出台，投资规模高达17万亿元。无论是新型城镇化建设还是环境治理领域"三大行动"计划，抑或近几年国家先后推出的智慧城市建设、海绵城市建设、地下综合管廊等重点工程，都面临巨大的资金缺口。

受到上述因素的影响，在特色小镇建设中，政府面临资金方面的难题。

当前，中国区域经济发展不平衡，东西部差异很大。东部发达地区和西部欠发达地区建设特色小镇面临的问题有所不同。体现在产业经济版图上，东部经济发达地区（如浙江、江苏、上海等地）特色产业较为集中，既有历经数百年甚至上千年洗礼的传统经典产业，又有日新月异引领世界潮流的战略新兴产业，可以说是有"老"

（传统产业）有"新"（战略新兴产业），有基础，有层次，有强劲的持续发展力。而西部经济欠发达地区则战略新兴产业少，产品附加值不高，以旅游产业为主，持续发展力还有待提高。

第二节　特色小镇创建的乱象与误区

在特色小镇的建设热潮中，出现了许多有违国家特色小镇建设初衷甚至给未来小镇建设和运营埋下隐患的乱象，如部分地方政府在特色小镇建设上急于求成、拔苗助长，搞"形象工程""任务工程"甚至"政绩工程"，导致特色小镇建设"走样"。此外，部分地方政府在推广特色小镇的过程中，还存在不少误区。

一、特色小镇建设乱象

1.一哄而上的"政绩小镇"

在国家大力推广建设特色小镇的利好政策出台后，部分地方政府热情高涨。热潮之下，一些有违国家建设特色小镇初衷的"乱象"浮出水面：盲目跟风、一哄而上……事实是，中国相当一部分地方根本不具有传统历史经典产业或战略新兴产业的基础，部分地方政府仍不顾地方经济实际情况和产业基础，尤其是在产业、人文、旅游等特色小镇的核心元素不具备的情况下"大干快上"，斥巨资建设所谓的"特色"小镇。

有的地方政府以行政命令规定特色小镇建设的时间、数量、规模，将建设特色小镇变成了"政绩工程"，喊出很多脱离地方经济和产业实际的口号，提出许多不切实际的计划和规划。一时间，有关特色小镇的各种有名无实的概念甚嚣尘上，误导了社会公众。

2. 拿特色小镇当"金字招牌"与"摇钱树"

由于中央和地方政府对特色小镇在经济、土地以及人才等方面有优惠政策，因此特色小镇与非特色小镇相比具有明显的资源优势。但部分地方政府只是将特色小镇作为"金字招牌"和"摇钱树"。自 2016 年 7 月国家层面提出加快构建特色小镇以来，部分地方政府为了得到补贴、奖励，赶着"打造"各类特色小镇，甚至为了"特色小镇"而"特色小镇"，没有跳出"农区变景区，田园变公园，民房变客房，产品变商品"的老框框。

3. 以"运动战"方式建设特色小镇

部分地方政府没有完全领会国家推广特色小镇的目的和宗旨，没有深刻理解特色小镇的精髓，陷入传统思维模式的误区,认为特色小镇不过是又一场"运动战",只看重特色小镇的"名"与"形",而回避特色小镇的"神"与"魂"。因此敷衍塞责,不认真挖掘本地特色产业。

4. 缺乏长远的战略眼光

由于没有从战略的高度用长远的目光看待特色小镇,在特色小镇建设上马后,部分地方出现了"重建设,轻运营"和"重当前,轻长远"的倾向。实际上,特色小镇建设是一个长远的系统工程,关系到小镇的过去、现在和长远的未来,非一朝一夕所能完成。不仅如此,对特色小镇而言,建设只是"万里长征走完了第一步",更大的困难和更加严峻的考验还在未来数十年甚至更长。科学的态度是从当前建设阶段开始,就要考虑未来漫长岁月的运营和管理,为未来运营奠定坚实的基础。

5. 规划老套,定位同质化

规划上没有创新,以旧有观念和主观思维规划,定位同质化现象严重,"千镇一面",缺乏创意,导致小镇规划老套,产业不突出,吸引力不够,特色小镇"特色"不足,含金量不高,"特色小镇"自然名不副实。多数情况是产业开发与文化创意脱节,当地的人文、旅游等资源没有得到充分利用。体现在小镇建设上就是产业特色不鲜明、环境风貌无特色、人文旅游不诱人,整体承载能力较差。

规划老套、没有创新的小镇，是一种重复建设，不仅没有吸引力和竞争力，还将造成巨大的浪费，让地方政府和社会资本背上沉重的包袱。可以预见，没有创新、没有特色、没有竞争力的"特色小镇"不具备持久发展的活力和动力，注定走不远。

6. 假借特色小镇的名义大搞房地产建设

在开发商大举拿地盖房、卖房赚快钱的发展模式成为过去式的当下，相当多的房地产开发商又将目光瞄准了特色小镇。而此前"人为造城"的先例，让部分地方政府和房地产开发商错误地认为特色小镇不过是历史的重演，因此假借特色小镇的名义搞房地产开发。实际上，特色小镇建设不是原来意义上的城镇化，不是建新城，绝不能用建新城的思路来规划建设特色小镇。

二、特色小镇建设误区

1. 将特色小镇建设习惯性地理解为"政府主导"

鉴于此前中国的许多重大项目都是在政府的主导下完成的，因此，对于特色小镇建设，不少人认为也是由政府主导。实际上，"政府引导、企业主体、市场化运作"这13个字已为特色小镇建设做了注解。即政府在特色小镇中的职责和功能非常明确：不是"主导"，而是"引导"；不是"大包大揽"，而是"引领导向"；不是"抓微观工作"，而是"抓宏观大势"。因此，特色小镇需要鼓励以各类社会资本（国企、民企、外资以及混合所有制企业）为主建设，广泛征求投资主体（产业资本、金融资本以及个人投资者等）、各方专家及社会公众的意见，还要充分发挥第三方中介机构的作用。

2. 将特色小镇等同于"特色镇"

特色小镇非镇非园非区，是位于城市周边且具有明确产业功能、文化功能、旅游功能和社区功能的重要功能平台。而"特色镇"是一个行政区域概念，此"特色"非彼"特色"：特色小镇的"特色"指的是要有特色产业，要么是传统历史经典产业，要么是战略新兴产业，当然也包括特色旅游产业；特色镇则不以特色产业为前提，其要么有产业特色，要么有交通功能特色，要么有人文旅游特色等。

3. 将特色小镇等同于"美丽乡村"

美丽乡村，应满足党的第十六届五中全会提到有关建设社会主义新农村的重大历史任务时提出的"生产发展、生活宽裕、乡风文明、村容整洁、管理民主"等具体要求。美丽乡村更多强调乡村第一、第二、第三产业融合作为产业支撑，依靠本村村民的自治，管理和保护好乡村生态环境等。特色小镇虽然主要位于城市周边、农村地区,且离不开乡村本地,但从根本上来讲,其与美丽乡村在形态和功能上都不一样:特色小镇虽有乡村本地特征,但更多的是融合特色产业、先进技术、雄厚资本和优秀人才等各类高端要素于一体的发展单元;在管理方式上不是"自治",而是强调由公众共同参与治理的现代化的社会管理体系。

第三节 特色小镇发展乱象的解决思路

部分地方在特色小镇建设中出现的乱象,已经引起专业人士的警惕,业内人士表达了诸多担忧:特色小镇建设是否会严重"走样"?是否会是一个个分散在各地的烂尾工业园?是否会是走走形式,摆摆样子?是否会是地方政府留给下一任政府的大包袱?是否会造成巨大的人力物力浪费?

当下,最重要的是正本清源,让特色小镇建设回到国家推广此战略的本意。

一、避免盲目跟风、一哄而上

面对特色小镇建设的大热潮,无论是地方政府还是各类社会资本方,都要保持清醒的认识,避免盲目跟风、一哄而上，否则将造成不利的后果：一是小镇低水平建设、同质化竞争，"千镇一面"，行业利润下滑。如果是社会资本方担纲特色小镇建设的重任，那么社会资本方无利可图，极易因失去投资兴趣而退出。二是一哄而上建设的特色小镇运营成本高，会为后期运营留下重重隐患。特色小镇需要精打细磨，在条件不具备的情况下仓促上马，其结果必然是投入越大，浪费越大，未来背上的包袱越沉重。

2016年10月，国家发展改革委发布《关于加快美丽特色小（城）镇建设的指导意见》(发改规划〔2016〕2125号，以下简称《指导意见》)，指出：坚持因地制宜。从各地实际出发，遵循客观规律，挖掘特色优势，体现区域差异性，提倡形态多样性，彰显小（城）镇独特魅力，防止照搬照抄、"东施效颦"、一哄而上。

《指导意见》指出，要坚持产业建镇。根据区域要素禀赋和比较优势，挖掘本地最有基础、最具潜力、最能成长的特色产业，做精做强主导特色产业，打造具有持续竞争力和可持续发展特征的独特产业生态，防止"千镇一面"。《指导意见》还指出，要坚持创新探索。创新美丽特色小（城）镇的思路、方法、机制，着力培育供给侧小镇经济，防止"新瓶装旧酒""穿新鞋走老路"，努力走出一条特色鲜明、产城融合、惠及群众的新型小城镇发展之路。

二、明确特色小镇培育路径

目前中国大部分省份已明确了特色小镇培育目标和支持政策,组织编制了规划,稳步有序推进特色小镇建设工作。对于部分地方出现的培育对象过多、盲目推进建设、缺乏产业支撑、规划管控不够等问题,住建部将建立全国小城镇建设监测信息系统,及时发现并制止问题。此外,住建部还将组织各省份进行自查,并将于每年对特色小镇开展检查评估,包括小城镇规划、新增建设用地规模、产业落地情况等方面,对培育工作开展好的予以财政奖励,对问题多的进行通报批评、约谈,责成地方政府进行整改。

第四节　特色小镇创建的政府引导和绩效考核

为了规避特色小镇建设过程中的乱象，强化政府的引导和考核机制非常必要。

一、强化政府引导

在特色小镇建设的过程中，应该始终坚持并强化政府的引导作用，将"政府引导、企业主体、市场化运作"作为根本，通过规划布局、创新制度供给和基础设施建设等来发挥引导和服务功能。特色小镇建设的关键，是政府在土地供给、城镇规划、基础设施以及公共服务等方面给予引导和指导，吸引更多的优质社会资本进入，让公众享受发展红利的同时，也为社会资本提供更多投资机会。以浙江湖州丝绸小镇为例，小镇自启动建设以来，当地政府只扎实做好两件事：一是研究规划，二是选择投资主体，这种提纲挈领式的方式成效非常明显。

政府部门要注重规划先行。规划是设计、投融资、建设和运营的前提，没有强有力的、科学的规划，特色小镇极易南辕北辙。投资越大，越不容易转向，到最后损失也越大。因此，地方政府要围绕产业"特而强"、功能"聚而合"、形态"精而美"、文化"特而浓"做好小镇规划。具体来说，政府要充分发挥规划引领作用，高水平编制规划，不仅要编制概念性规划，还要编制控制性详规，实行多规融合，并突出规划的前瞻性、协调性、操作性和有效性，以确保规划可落地。

2017年1月，国家发展改革委联合国家开发银行出台了《关于开发性金融支持特色小（城）镇建设促进脱贫攻坚的意见》（发改规划〔2017〕102号），指出要坚持主体多元化、合力推进；还要求加强规划引导；加强对特色小（城）镇发展的指导，推动地方政府结合经济社会发展规划，编制特色小（城）镇发展专项规划，明确发展目标、建设任务和工作进度。事实上，早在2015年5月，浙江省政府就率先出台了《浙江省人民政府关于加快特色小镇规划建设的指导意见》（浙政发〔2015〕8号），指出在运作方式上，特色小镇建设要坚持政府引导、企业主体、市场化运作，既凸显企业主体地位，充分发挥市场在资源配置中的决定性作用,又加强政府引导和服务保障,在规划编制、基础设施配套、资源要素保障、文化内涵挖掘传承、生态环境保护等方面更好地发挥作用。

需要特别强调的是,在特色小镇建设中,政府的作用是引导,社会资本方才是主体。更进一步而言,一定要充分发挥市场机制的作用,激发社会资本方的活力,保障小镇运营持续的动力。

注重项目谋划,做好招商工作。在精心编制规划的同时,政府还要在产业招商方面下功夫,紧紧围绕确定的"特色产业"谋划一大批好项目,出台优惠政策,引进资金雄厚、技术先进和管理经验丰富的社会资本(包括产业资本和金融资本),目的是将特色小镇的规划落到实处。

二、加强绩效考核,以创建制代替审批制

加强对特色小镇建设的绩效考核,是促使特色小镇科学规范建设的重要保障。多年来,由于受传统计划经济体制影响,在中国许多行政管理领域应用行政审批制度,一度促进了中国经济社会的发展,成为一种国家管理行政事务的重要制度。不过,实践经验表明,行政审

批制度在严格和规范地方建设的同时，其自身存在的问题越来越突出，最明显的是部分地方政府为获得国家财政补贴而不顾地方实际情况盲目申报建设项目，结果背上了沉重的债务包袱。对于中国大力推广且正处于起步阶段的特色小镇建设，行政审批制度显然不太适用。

为了科学规范特色小镇建设，部分地方提出"宽进严定"，开始用创建制代替审批制，并建立特色小镇的退出机制，对考核不合格的地方"摘牌"。如中国特色小镇建设的先行者浙江省采取创建制，其核心是只有地方政府做出了成绩才能享受到政策优惠，这从制度上保障了特色小镇建设的科学性。

浙江省对特色小镇进行年度考核，特色小镇申报时的初审与考核内容主要包括四个方面，即规划空间（分城乡规划符合度、环境功能区规划符合度、土地利用规划符合度、城乡接合部符合度、规划面积、建设面积、特色小镇规划编制情况等七个指标项）、功能内涵（分为是否符合产业定位要求、规划空间独立连片接近度、规划与产业定位的吻合度、特色产业投资比、3A或5A景区建设标准符合度、文化功能挖掘、小镇客厅规划情况等七个指标项）、投资建设（分3年或5年总投资、备案和签约项目投资占总投资比重、年度计划投资、1—9月完成统计入库项目投资额、当年预计完成投资、投资强度等六个指标项）和扶持政策（分是否出台专门政策、资金支持内容、土地支持内容、今后3年或5年可用建设用地、人才支持内容等五个指标项），一共25个指标项。同时，划分为100%、80%~99%、60%~79%、40%~59%、40%以下等五个层级（有些指标项为"有或无""是或否"两个层级）。

经浙江省特色小镇规划建设工作联席会议办公室组织考核，浙江省政府审定，2015年度省级特色小镇创建对象评选出了优秀、良好、合格、警告、降格小镇。其中，余杭梦想小镇、诸暨袜艺小镇、上城玉皇山南基金小镇等7个获评优秀小镇，临安云制造小镇、桐乡毛衫时尚小镇、海宁皮革时尚小镇等9个被评为良好小镇，其他17个为合格小镇。此外，还有3个特色小镇被警告，1个特色小镇由创建对象降为培育对象。

又如，天津市在特色小镇建设中，将市级特色小镇年度建设任务纳入市人民政府对各区年度目标考核体系。对未完成年度目标考核任务的特色小镇实行退出机制，下一年度起不再给予市级特色小镇扶持政策支持。

2016年底，山东省人民政府发布《山东省创建特色小镇实施方案》，计划到2020年创建100个左右特色小镇。按照方案要求，特色小镇申报每年组织一次，按照创建内容，凡具备创建条件的均可申报。同时引入第三方评价机构,每年评价一次,实行动态管理制度。对第一年没有完成规划建设投资目标的,给予黄牌警告;对连续两年没有完成规划建设投资目标的,取消特色小镇创建资格。

三、充分发挥企业的能动作用

如上所述,"政府引导,企业主体,市场化运作"是特色小镇的理念。在特色小镇的建设中,地方政府的主要职能是做好小镇的规划、保护生态环境,为小镇的建设和运营提供优质的服务(包括政策服务和行政服务等),其余的事项都交由企业,充分发挥企业的能动作用(重点是资金保障、技术应用和运营管理等功能)。

浙江省之所以在特色小镇建设方面取得了长足的进展,与其一开始就坚持以企业为主体并采取市场化运作密不可分。台州路桥沃尔沃小镇由吉利集团主导建设,项目依托吉利汽车项目,打造以汽车产业、汽车文化、汽车旅游为特色的小镇。主要分为三大功能区:一是吉利沃尔沃整车生产基地,用地1101亩,总建设面积39.39万平方米,计划总投资38亿元。二是汽车零部件产业基地,总规划用地约2200亩,总投资约53.5亿元。三是北欧风情生活区,投资7.9亿元,占地359亩。衢州龙游红木小镇由浙江年年红家具集团一手创建，项目按照"制造基地+文化旅游"模式，全力打造以国学文化为基础，以紫檀文化为背景，融艺术观赏、文化研究、生态游憩、养生度假于一体的中国红木文化小镇。红木小镇规划占地3600亩，建成后，将有2.5万人居住，到2019年将完成投资80亿元。西湖云栖小镇则由阿里巴巴集团与转塘科技经济园区联手打造。

第五节　特色小镇不等于房地产小镇

一、房企扎堆试水特色小镇建设

房地产开发商此前的发展模式是大举拿地盖房、卖房赚快钱。但在国家加大对房地产调控、大城市地价高企、房地产企业利润大幅度下滑等背景下，转型成为房地产开发商的必经之路。部分房地产企业开始向养老、金融、物业等方向拓展。随着国家大力推动特色小镇建设，房地产企业纷纷将目光瞄准这一全新的领域。事实上，在如火如荼的特色小镇建设大潮中，房地产企业正成为其中的主角：2016年以来，在短短半年不到的时间里已有多家房企发布了自己的特色小镇战略。华夏幸福、碧桂园、华侨城、绿城、时代地产等多家房企纷纷试水特色小镇建设。

二、防止特色小镇的"房地产化"倾向

在特色小镇的建设过程中,一些地区出现了借特色小镇建设之名行房地产开发之实的现象,部分房企借"特色小镇"之名开发建设房地产,而部分地方政府为追求地方经济增长也迎合房地产企业的要求,新的房地产热苗头已经出现。特色小镇的发展一旦引入房地产,就会拉高土地成本,特色产业则难以实现发展,最后会演变为房地产一业独大,并带来大量的小镇库存,这需要引起高度警惕。

业内一致的观点是,特色小镇建设一定要处理好"产业"与"地产"的关系,控制好地产开发的比例和节奏。产业和地产一旦失衡,就极易陷入特色小镇房地产化的泥潭,特色小镇就会异化为"房地产小镇",特色产业将被淹没在水泥森林中,"小镇"变"睡城"。

三、坚持产业立镇

特色小镇需要严格的产业条件、人文条件、旅游条件才能建起来。特色小镇以产业为根基,以运营为持久

发展力，这与传统的房地产开发模式具有根本的差异。

无论是特色小镇还是特色小城镇，无论是东部还是西部，千万不能脱离产业去搞特色小城镇建设。要科学确定重点镇和特色小镇，合理控制数量，避免一哄而上，同时还要防止违法违规圈地搞开发。

2017年5月，北京市发展和改革委员会、农村工作委员会、规划和国土资源管理委员会、住房和城乡建设委员会等多部门联合发布《关于进一步促进和规范功能性特色小城镇发展有关问题的通知》，强调强化功能管控，严格落实首都城市战略定位，积极承接中心城功能疏解和转移，重点聚焦生态、旅游休闲、文化创意、教育、体育、科技、金融、总部等领域；坚持镇域统筹规划，编制镇域整体规划方案，将功能性特色小城镇纳入全市重点区域规划管控，严格按区域功能定位审批相关规划，实现"多规合一"，确保"一张蓝图绘到底"；加强产业管控，对新增产业禁限目录中的项目，项目审批、核准、备案部门不予批准；节约集约利用城乡建设用地，以功能、产业和人口合理确定建设规模，严禁打着特色小城镇的名义违法违规搞圈地开发，严禁整体镇域开发，严禁搞大规模的商品住宅开发；科学安排建设时序，建立小城镇镇域整体平衡的发展机制，不搞一次性授权，不能一哄而上；完善决策机制，原则上采用竞争方式确定项目开发建设主体，对国有经营性用地严格落实土地招拍挂制度，集体产业用地试点探索联营联建等利用方式。区域重点发展的产业项目，可将产业发展要求等作为土地供应前置条件，防止无序竞争，引导特色产业发展。

需要说明的是，国家严禁的是房地产企业打着特色小镇的名义搞房地产开发，但不能矫枉过正，并不是限制和禁止房地产企业介入特色小镇建设。事实上，在特色小镇做起来且发展到一定的规模后，需要完善社区功能、配套服务时，房地产企业是大有用武之地的。如一个特色小镇在形成产业聚集后，需要引进大量优秀的技术人才、金融人才和管理人才，就需要配套建设人才公寓、图书馆、博物馆、中小学等，这就需要房地产企业的进入。正如业内权威专家所言，特色小镇要重视产业立镇，避免房地产化。培育特色小镇不可能没有房地产企业进入，但要重视培育产业，防止特色小镇变成房地产小镇。

第四章

特色小镇创建规划的政策指引

第一节 特色小镇相关用地政策

一、中央关于特色小镇用地的支持政策

在关于特色小镇的部委指导文件中并没有针对特色小镇的土地支持政策的具体规定，但是特色小镇培育属于深入推进新型城镇化工作的组成部分，因此我们可以从国务院印发的《关于深入推进新型城镇化建设的若干意见》(国发〔2016〕8号)中找到特色小镇用地政策的空间。

意见的第六条是"完善土地利用机制"，为解决特色小镇用地问题指出四个方向：一是规范推进城乡建设用地增减挂钩。也就是说从城乡建设用地增减挂钩所获得的用地指标是特色小镇用地的来源之一。二是建立城

镇低效用地再开发激励机制。允许存量土地使用权人在不违反法律法规、符合相关规划的前提下，按照有关规定经批准后对土地进行再开发。这是提高原有用地效率的方式。三是因地制宜推进低丘缓坡地开发。这种方式可新增用地。四是完善土地经营权和宅基地使用权流转机制。这里面含有两块，一块是流转，取得一定年限的使用权，另一块是农民有偿自愿退出，退出后减少的乡村用地指标可以通过第一种方式转化为增加的城市建设用地指标。

为了保证特色小镇用地规范科学，在国家发展改革委、国土资源部、环境保护部、住房和城乡建设部2017年12月联合发布的《关于规范推进特色小镇和特色小城镇建设的若干意见》中明确提出："（十一）严格节约集约用地。各地区要落实最严格的耕地保护制度和最严格的节约用地制度，在符合土地利用总体规划和城乡规划的前提下，划定特色小镇和小城镇发展边界，避免另起炉灶、大拆大建。鼓励盘活存量和低效建设用地，严控新增建设用地规模，全面实行建设用地增减挂钩政策，不得占用永久基本农田。合理控制特色小镇四至范围，规划用地面积控制在3平方千米左右，其中建设用地面积控制在1平方千米左右，旅游、体育和农业类特色小镇可适当放宽。"

二、各地方解决特色小镇用地的做法

各省关于特色小镇的用地支持政策是对宏观的新型城镇化土地利用机制的进一步具体化。

梳理各省、自治区、直辖市关于特色小镇（示范镇、重点镇）的用地政策，主要包括以下几种措施。

1. 在建设用地计划中保证或优先安排，如重庆市专项下达特色小镇示范点建设用地计划指标。福建省原国土资源厅对每个特色小镇各安排 100 亩用地指标。

2. 奖励和惩罚用地指标。天津对如期完成年度规划目标任务的，给予一定土地利用年度计划指标奖励。浙江对如期完成年度规划目标任务的，按实际使用指标的 50% 给予配套奖励，其中信息经济、环保、高端装备制造等产业类特色小镇按 60% 给予配套奖励；对 3 年内未达到规划目标任务的，加倍倒扣省奖励的用地指标。

3. 城乡建设用地增减挂钩指标。湖北省 2017 年起单列下达每个特色小（城）镇 500 亩增减挂钩指标。陕西省政府为每个重点示范镇提供 1000 亩土地增减挂钩指标。

4. 利用低丘缓坡、滩涂资源和存量建设用地。

5. 工矿废弃地复垦利用和城镇低效用地再开发。

6. 过渡期按原用途使用土地。如福建省和湖北省的新业态可实行继续按原用途和土地权利类型使用土地的过渡期政策。

7.农村集体土地流转和租赁。如内蒙古自治区鼓励农村牧区集体经济组织和农牧民以土地入股、集体建设用地使用权转让、租赁等方式有序地进行农家乐、牧家乐、家庭旅馆、农庄旅游等旅游开发项目的试点。

各省、自治区、直辖市的特色小镇用地政策都是在《关于深入推进新型城镇化建设的若干意见》原则性意见基础上的细化。

三、解决特色小镇建设用地问题的政策建议

解决特色小镇建设用地的基本思路是存量土地挖潜提高效率,增量用地在土地使用计划中保证或者城乡建设用地增减挂钩解决,结合农村集体建设用地改革让集体建设用地通过入股、流转参与特色小镇建设。

1.坚持发展实业,防止打着特色小镇名义,违法违规搞圈地开发。在考核固定资产投资规模时不含商品住宅和商业综合体项目投资。对养老地产、旅游地产等房地产开发项目从严审批。

2.坚持产城融合原则,以城镇为基础,承载产业发展;以产业为保障,建设基础设施,完善公共服务,吸

引更多农业转移人口。依托建制镇建成区拓展，避免离开建制镇新开辟特色小镇规划和建设区，从而避免占用更多耕地。

3. 坚持集约节约用地原则，着力提高现有土地使用效率。一些开发区、工业园区土地使用效率低，特色小镇用地应与提高既有园区土地使用效率相结合。

4. 坚持城乡一体，村镇联动原则，鼓励集体建设用地以入股或租赁等形式参与特色小镇项目，分享特色小镇发展收益，保护农民的合法权益。鼓励地方开展资源变资产、资金变股金、农民变股东等改革。

5. 坚持激励和约束并举的原则，建立用地长效机制。借鉴浙江创建制的做法，对完成规划目标的小镇进行奖励，对未完成规划目标的小镇进行惩罚，有利于实现用地目标，提高用地效率。

第二节 特色小镇相关财政政策

一、中央部委资金支持政策

住房和城乡建设部、国家发展改革委、财政部发布的《关于开展特色小镇培育工作的通知》（建村〔2016〕147号）在"组织领导和支持政策"中提出两条支持渠道。

一是国家发展改革委等有关部门支持符合条件的特色小镇建设项目申请专项建设基金；二是中央财政对工作开展较好的特色小镇给予适当奖励。

应当说这是中央财政资金第一次比较系统地对小城镇建设给予支持，具有十分强烈的导向意义，说明相关部门确实把特色小镇放到了新型城镇化工作的重要地位上。

1. 国家发改委资金支持政策

关于特色小镇建设项目申请专项建设基金，实际上在三部委文件出台之前，在国家发展改革委申请专项建设基金的第19项"新型城镇化"一项中，有"特色镇建设"这一子项，其他几个子项也与特色小镇建设相关，分别是"国家新型城镇化试点地区的中小城市""全国中小城市综合改革试点地区""少数民族特色小镇"。

2016年10月8日，国家发展改革委《关于加快美丽特色小（城）镇建设的指导意见》（发改规划〔2016〕12125号）表示将加强统筹协调，加大项目、资金、政策等的支持力度。

2. 中央财政奖励政策

文件提出中央财政对工作开展较好的特色小镇给予适当奖励，还没有出台具体办法。

3. 农业发展银行的政策性贷款

农业发展银行对于特色小镇响应最早，于2015年底就推出了特色小城镇建设专项信贷产品。

中长期政策性贷款主要包括集聚城镇资源的基础设施建设和特色产业发展配套设施建设两个方面。

2016年10月10日，住建部、中国农业发展银行在《关于推进政策性金融支持小城镇建设的通知》（建村

〔2016〕220号）中进一步明确了农业发展银行对于特色小镇的融资支持办法。

住建部负责组织、推动全国小城镇政策性金融支持工作，建立项目库，开展指导和检查。中国农业发展银行将进一步争取国家优惠政策，提供中长期、低成本的信贷资金。

支持范围包括：支持以转移农业人口、提升小城镇公共服务水平和提高承载能力为目的的基础设施和公共服务设施建设。主要包括：土地及房屋的征收、拆迁和补偿；安置房建设或货币化安置；水网、电网、路网、信息网、供气、供热、地下综合管廊等公共基础设施建设；污水处理、垃圾处理、园林绿化、水体生态系统与水环境治理等环境设施建设；学校、医院、体育馆等文化教育卫生设施建设；小型集贸市场、农产品交易市场、生活超市等便民商业设施建设；其他基础设施和公共服务设施建设。为促进小城镇特色产业发展提供平台支撑的配套设施建设。主要包括：标准厂房、孵化园、众创空间等生产平台建设；博物馆、展览馆、科技馆、文化交流中心、民俗传承基地等展示平台建设；旅游休闲、商贸物流、人才公寓等服务平台建设；其他促进特色产业发展的配套基础设施建设。

建立贷款项目库。申请政策性金融支持的小城镇需要编制小城镇近期建设规划和建设项目实施方案，经县级人民政府批准后，向中国农业发展银行相应分支机构提出建设项目和资金需求。

各省级住房城乡建设部门、中国农业发展银行省级分行应编制本省（区、市）本年度已支持情况和下一年度申请报告（包括项目清单），并于每年12月底前提交住房和城乡建设部、中国农业发展银行总行，同时将相关信息录入小城镇建设贷款项目库。

二、主要省份的特色小镇资金支持政策

1. 浙江省

特色小镇新增财政收入上缴省财政部分，前3年全额返还、后2年返还一半给当地财政。

2. 河北省

省级财政用以扶持产业发展、科技创新、生态环保、公共服务平台等专项资金，优先对接支持特色小镇建设。

鼓励和引导政府投融资平台和财政出资的投资基金，加大对特色小镇基础设施和产业示范项目的支持力度。

省市县美丽乡村建设融资平台对相关特色小镇的美丽乡村建设予以倾斜支持，对符合中心村申报条件的特

色小镇建设项目，按照全省中心村建设示范点奖补标准给予重点支持，并纳入中心村建设示范点管理，对中心村建设示范县（市、区），再增加100万元奖补资金，专门用于特色小镇建设。

3. 内蒙古自治区

各级财政统筹整合各类已设立的相关专项资金，重点支持特色小镇市政基础设施建设。在镇规划区内建设项目缴交的基础设施配套费，要全额返还小城镇，用于小城镇基础设施建设。

4. 辽宁省

研究制定相关配套优惠政策，整合各类涉农资金，支持特色乡镇建设。列入省级新型城镇化试点，并可推荐申报国家新型城镇化综合试点镇。省财政通过不断优化财政支出结构，支持各地推进特色乡镇建设。

5. 山东省

从2016年起，省级统筹城镇化建设等资金，积极支持特色小镇创建，用于其规划设计、设施配套和公共服务平台建设等。鼓励省级城镇化投资引导基金参股子基金加大对特色小镇创建的投入力度。

6. 安徽省

整合对特色小镇的各类补助资金。省发展改革委支持符合条件的建设项目申请专项建设基金，省财政对工作开展较好的特色小镇给予奖补，市、县财政要进一步加大特色小镇建设投入。

7. 福建省

对纳入省级创建名单的特色小镇，在创建期间及验收命名后累计5年，其规划空间范围内新增的县级财政收入，县级财政可以安排一定比例的资金用于特色小镇建设；有关市、县（区）在省财政下达的政府债务限额内，倾斜安排一定数额债券资金用于支持特色小镇建设；支持特色小镇组建产业投资发展基金和产业风险投资基金，支持特色小镇发行城投债和战略性新兴产业、养老服务业、双创孵化、城市停车场、城市地下综合管廊、配电网建设改造、绿色债券等专项债券。2016—2018年，新发行企业债券用于特色小镇公用设施项目建设的，按债券当年发行规模给予发债企业1%的贴息，贴息资金由省级财政和项目所在地财政各承担50%，省级财政分担部分由省发改委和省财政厅各承担50%。特色小镇完成规划设计后，省级财政采取以奖代补的方式给予50万元规划设计补助，省发改委、省财政厅各承担25万元。

特色小镇范围内符合条件的项目，优先申报国家专项建设基金和相关专项资金，优先享受省级产业转型升级、服务业发展、互联网经济、电子商务、旅游、文化产业、创业创新等相关专项资金补助或扶持政策。优先支持特色小镇向国家开发银行、中国农业发展银行等政策性银行争取长期低息的融资贷款。鼓励特色小镇完善生活污水处理设施和生活垃圾处理收运设施建设，省级财政给予"以奖代补"资金倾斜支持。

8. 甘肃省

省级财政采取整合部门资金的办法对特色小镇建设给予支持。同时采取"以奖代补"的方式，对按期完成任务，通过考评验收的特色小镇给予一定的奖补资金。特色小镇所在县级政府要将特色小镇建设用地的租赁收入以及小城镇基础设施配套费等资金，专项用于特色小镇基础设施建设。

9. 海南省

支持市县整合各类与特色产业小镇相关的专项资金，统筹用于特色产业小镇镇区基础设施和公共服务设施建设。各市县也应建立完善特色产业小镇建设投入机制，加大特色产业小镇投入力度。省财政视财力情况，对达到建设标准通过验收并命名的特色产业小镇给予奖励。

计划3年统筹安排省级财政资金，与国家开发银行、光大银行等金融机构合作，设立200亿元规模的海南省特色产业小镇发展基金，专项用于特色产业小镇产业培育发展、基础设施和公共服务设施建设等。同时积极争取国家重点建设基金支持，省级已经设立的政府投资基金，能够向特色产业小镇建设项目倾斜的，应予以倾斜。积极鼓励政策性、开发性、银行期限长、利率低的信贷资金支持特色产业小镇建设。鼓励各市县探索不同的小镇建设融资渠道，积极引导多元化市场主体通过PPP模式等多种途径参与小镇建设。

10. 重庆市

从2017年起，调整市级中心镇建设补助政策，重点用于特色小（城）镇建设补助。市级财政每年给予特色小（城）镇建设3.5亿元左右专项补助，连续补助5年。加大市级小城镇建设专项资金投入，调整优化市级中心镇专项建设资金，重点支持特色小镇示范点建设。特色小镇示范点建设项目打捆纳入市级重点项目。

11. 陕西省

重点示范镇每年省财政支持1000万元，文化旅游名镇每年支持500万元。

12. 四川省

从2013年开始，连续3年，每年启动100个省级试点镇建设。省级财政安排专项资金，支持试点镇基础设施建设，完善公共服务功能，提升试点镇的承载能力和吸纳能力。市（州）、县（市、区）财政也要安排专项资金，加大投入。

13. 贵州省

各市（州）、试点县要加大本级财政对小城镇建设发展的支持力度，在年度财政预算时要安排小城镇建设发展专项资金，集中用于支持试点县小城镇建设发展。财政补助、信贷支持、社会投入。

14. 广西壮族自治区

自治区财政按照每个特色小镇培育资金 2000 万元予以奖励，其中列入培育名单后拨付奖励资金 1000 万元，用于启动特色小镇建设；培育合格转入建设阶段后再奖励 1000 万元，用于特色小镇规划设计、基础设施和公共服务平台等建设。其中，属于旅游、科技、工业的特色小镇，奖励资金从相关部门的经费中安排。未能通过验收获得命名的，自治区通过财政年终结算扣款收回 2000 万元奖励资金。

15. 西藏自治区

自治区财政安排 10 亿元特色小城镇示范点建设工作启动资金。

地（市）、县（区）人民政府要以规划为统领，以基础设施项目、产业项目、民生项目为重点，进一步整合交通运输、住房和城乡建设、农牧、水利、林业、电力等部门资源，调整资金结构，按照"渠道不乱、用途不变、统筹安排、集中投入、各司其职、各记其功、形成合力"的原则,加大对特色小城镇建设的投入力度。

同时,要广泛吸纳社会资金和民间资本支持特色小城镇示范点建设。充分发挥援藏资金在小城镇建设中的重要作用。

第三节　特色小镇相关金融政策

一、《国家发展改革委、国家开发银行关于开发性金融支持特色小（城）镇建设促进脱贫攻坚的意见》

此文件发布时间为 2017 年 1 月 13 日，具体内容如下。

各省、自治区、直辖市及计划单列市发展改革委、新疆生产建设兵团发展改革委，国家开发银行各分行：

建设特色小（城）镇是推进供给侧结构性改革的重要平台，是深入推进新型城镇化、辐射带动新农村建设的重要抓手。全力实施脱贫攻坚、坚决打赢脱贫攻坚战是"十三五"时期的重大战略任务。在贫困地区推进特色小（城）镇建设，有利于为特色产业脱贫搭建平台，为转移就业脱贫拓展空间，为易地扶贫搬迁脱贫提供载体。为深入推进特色小（城）镇建设与脱贫攻坚战略相结合，加快脱贫攻坚致富步伐，现就开发性金融支持贫困地区特色小（城）镇建设提出以下意见。

一、总体要求

全面贯彻党的十八大和十八届三中、四中、五中、六中全会精神，统筹推进"五位一体"总体布局和协调推进"四个全面"战略布局，牢固树立和贯彻落实新发展理念，按照扶贫开发与经济社会发展相结合的要求，充分发挥开发性金融作用，推动金融扶贫与产业扶贫紧密衔接，夯实城镇产业基础，完善城镇服务功能，推动城乡一体化发展，通过特色小（城）镇建设带动区域性脱贫，实现特色小（城）镇持续健康发展和农村贫困人口脱贫双重目标，坚决打赢脱贫攻坚战。

——坚持因地制宜、稳妥推进。从各地实际出发，遵循客观规律，加强统筹协调，科学规范引导特色小（城）镇开发建设与脱贫攻坚有机结合，防止盲目建设、浪费资源、破坏环境。

——坚持协同共进、一体发展。统筹谋划脱贫攻坚与特色小（城）镇建设，促进特色产业发展、农民转移就业、易地扶贫搬迁与特色小（城）镇建设相结合，确保群众就业有保障、生活有改善、发展有前景。

——坚持规划引领、金融支持。根据各地发展实际，精准定位、规划先行，科学布局特色小（城）镇生产、生活、生态空间。通过配套系统性融资规划，合理配置金融资源，为特色小（城）镇建设提供金融支持，着力增强贫困地区自我发展能力，推动区域持续健康发展。

——坚持主体多元、合力推进。发挥政府在脱贫攻坚战中的主导作用和在特色小（城）镇建设中的引导作用，充分利用开发性金融融资、融智优势，聚集各类资源，整合优势力量，激发市场主体活力，共同支持贫困地区特色小（城）镇建设。

——坚持改革创新、务求实效。用改革的办法和创新的精神推进特色小（城）镇建设，完善建设模式、管理方式和服务手段，加强金融组织创新、产品创新和服务创新，使金融资源切实服务小（城）镇发展，有效支持脱贫攻坚。

二、主要任务

（一）加强规划引导。加强对特色小（城）镇发展的指导，推动地方政府结合经济社会发展规划，编制特色小（城）镇发展专项规划，明确发展目标、建设任务和工作进度。开发银行各分行积极参与特色小（城）镇规划编制工作，统筹考虑财税、金融、市场资金等方面因素，做好系统性融资规划和融资顾问工作，明确支持重点、融资方案和融资渠道，推动规划落地实施。各级发展改革部门要加强与开发银行各分行、特色小（城）镇所在地方政府的沟通联系，积极支持系统性融资规划编制工作。

（二）支持发展特色产业。一是各级发展改革部门和开发银行各分行要加强协调配合，根据地方资源禀赋和产业优势，探索符合当地实际的农村产业融合发展道路，不断延伸农业产业链、提升价值链、拓展农业多种功能，推进多种形式的产城融合，实现农业现代化与新型城镇化协同发展。二是开发银行各分行要运用"四台一会"（管理平台、借款平台、担保平台、公示平台和信用协会）贷款模式，推动建立风险分担和补偿机制，以批发的方式融资支持龙头企业、中小微企业、农民合作组织以及返乡农民工等各类创业者发展特色优势产业，带动周边广大农户，特别是贫困户全面融入产业发展。三是在特色小（城）镇产业发展中积极推动开展土地、资金等多种形式的股份合作，在有条件的地区，探索将"三资"（农村集体资金、资产和资源）、承包土地经营权、农民住房财产权和集体收益分配权资本化，建立和完善利益联结机制，保障贫困人口在产业发展中获得合理、稳定的收益，并实现城乡劳动力、土地、资本和创新要素高效配置。

（三）补齐特色小（城）镇发展短板。一是支持基础设施、公共服务设施和生态环境建设，包括但不限于土地及房屋的征收、拆迁和补偿；安置房建设或货币化安置；水网、电网、路网、信息网、供气、供热、地下综合管廊等公共基础设施建设；污水处理、垃圾处理、园林绿化、水体生态系统与水环境治理等环境设施建设以及生态修复工程；科技馆、学校、文化馆、医院、体育馆等科教文卫设施建设；小型集贸市场、农产品交易市场、生活超市等便民商业设施建设；其他基础设施、公共服务设施以及环境设施建设。二是支持各类产业发展的配套设施建设，包括但不限于标准厂房、孵化园、众创空间等生产平台；旅游休闲、商贸物流、人才公寓等服务平台建设；其他促进特色产业发展的配套基础设施建设。

（四）积极开展试点示范。结合贫困地区发展实际，因地制宜开展特色小（城）镇助力脱贫攻坚建设试点。对试点单位优先编制融资规划，优先安排贷款规模，优先给予政策、资金等方面的支持，鼓励各地先行先试，着力打造一批资源禀赋丰富、区位环境良好、历史文化浓厚、产业集聚发达、脱贫攻坚效果好的特色小（城）镇，为其他地区提供经验借鉴。

（五）加大金融支持力度。开发银行加大对特许经营、政府购买服务等模式的信贷支持力度，特别是通过探索多种类型的PPP模式，引入大型企业参与投资，引导社会资本广泛参与。发挥开发银行"投资、贷款、债券、租赁、证券、基金"综合服务功能和作用，在设立基金、发行债券、资产证券化等方面提供财务顾问服务。发挥资本市场在脱贫攻坚中的积极作用，盘活贫困地区特色资产资源，为特色小（城）镇建设提供多元化金融支持。各级发展改革部门和开发银行各分行要共同推动地方政府完善担保体系，建立风险补偿机制，改善当地金融生态环境。

（六）强化人才支撑。加大对贫困地区特色小（城）镇建设的智力支持力度，开发银行扶贫金融专员要把特色小（城）镇作为金融服务的重要内容，帮助派驻地（市、州）以及对口贫困县区域内的特色小（城）镇引智、引商、引技、引资，着力解决缺人才、缺技术、缺资金等突出问题。以"开发性金融支持脱贫攻坚地方干部培训班"为平台，为贫困地区干部开展特色小（城）镇专题培训，帮助正确把握政策内涵，增强运用开发性金融手段推动特色小（城）镇建设、促进脱贫攻坚的能力。

（七）建立长效合作机制。国家发展改革委和开发银行围绕特色小（城）镇建设进一步深化合作，建立定期会商机制，加大工作推动力度。各级发展改革部门和开发银行各分行要密切沟通，共同研究制定当地特色小（城）镇建设工作方案，确定重点支持领域，设计融资模式；建立特色小（城）镇重点项目批量开发推荐机制，形成项目储备库；协调解决特色小（城）镇建设过程中的困难和问题，将合作落到实处。

各级发展改革部门和开发银行各分行要支持贫困地区特色小（城）镇建设促进脱贫攻坚，加强合作机制创新、工作制度创新和发展模式创新，积极探索、勇于实践，确保特色小（城）镇建设取得新成效，打赢脱贫攻坚战。

二、《住房和城乡建设部、国家开发银行关于推进开发性金融支持小城镇建设的通知》

此文件发布时间为2017年1月24日，具体内容如下。

各省、自治区、直辖市住房城乡建设厅（建委），北京市农委、规划和国土资源管理委，上海市规划和国土资源管理局，新疆生产建设兵团建设局，国家开发银行各省（区、市）分行、企业局：

为贯彻落实党中央、国务院关于推进小城镇建设的精神，大力推进开发性金融支持小城镇建设，现就有关工作通知如下。

一、充分认识开发性金融支持小城镇建设的重要意义

小城镇是新型城镇化建设的重要载体，是促进城乡协调发展最直接最有效的途径，在推进经济转型升级、绿色低碳发展和生态环境保护等方面发挥着重要作用。小城镇建设任务艰巨，资金需求量大，迫切需要综合运用财政、金融政策，引导金融机构加大支持力度。开发性金融支持是推动小城镇建设的重要手段，是落实供给侧结构性改革的重要举措。各级住房城乡建设部门、国家开发银行各分行要充分认识开发性金融支持小城镇建设的重要意义，加强部行协作，强化资金保障，全面提升小城镇的建设水平和发展质量。

二、主要工作目标

（一）落实《住房城乡建设部 国家发展改革委 财政部关于开展特色小镇培育工作的通知》（建村〔2016〕147号），加快培育1000个左右各具特色、富有活力的休闲旅游、商贸物流、现代制造、教育科技、传

统文化、美丽宜居的特色小镇。优先支持《住房城乡建设部关于公布第一批中国特色小镇名单的通知》(建村〔2016〕221号)确定的127个特色小镇。

(二)落实《住房城乡建设部等部门关于公布全国重点镇名单的通知》(建村〔2014〕107号),大力支持3675个重点镇建设,提升发展质量,逐步完善一般小城镇的功能,将一批产业基础较好、基础设施水平较高的小城镇打造成特色小镇。

(三)着力推进大别山等集中连片贫困地区的脱贫攻坚,优先支持贫困地区基本人居卫生条件改善和建档立卡贫困户的危房改造。

(四)探索创新小城镇建设运营及投融资模式,充分发挥市场主体作用,打造一批具有示范意义的小城镇建设项目。

三、重点支持内容

(一)支持以农村人口就地城镇化、提升小城镇公共服务水平和提高承载能力为目的的设施建设。主要包括:土地及房屋的征收、拆迁和补偿;供水、供气、供热、供电、通讯、道路等基础设施建设;学校、医院、邻里中心、博物馆、体育馆、图书馆等公共服务设施建设;防洪、排涝、消防等各类防灾设施建设。重点支持小城镇污水处理、垃圾处理、水环境治理等设施建设。

（二）支持促进小城镇产业发展的配套设施建设。主要包括：标准厂房、众创空间、产品交易等生产平台建设；展示馆、科技馆、文化交流中心、民俗传承基地等展示平台建设；旅游休闲、商贸物流、人才公寓等服务平台建设，以及促进特色产业发展的配套设施建设。

（三）支持促进小城镇宜居环境塑造和传统文化传承的工程建设。主要包括：镇村街巷整治、园林绿地建设等风貌提升工程；田园风光塑造、生态环境修复、湿地保护等生态保护工程；传统街区修缮、传统村落保护、非物质文化遗产活化等文化保护工程。

四、建立项目储备制度

（一）建立项目储备库。各县（市、区）住房城乡建设（规划）部门要加快推进本地区小城镇总体规划编制或修编，制定近期建设项目库和年度建设计划，统筹建设项目，确定融资方式和融资规模，完成有关审批手续。

（二）推荐备选项目。各县（市、区）住房城乡建设（规划）部门要组织做好本地区项目与国家开发银行各分行的项目对接和推荐，填写小城镇建设项目入库申报表（详见附件），报省级住房城乡建设部门。省级住房城乡建设部门应汇总项目申报表,于2017年3月底前报住房城乡建设部,并将项目信息录入全国小城镇建设项目储备库(http://www.charmingtown.cn)。

今后,应在每年11月底前报送下一年度项目申报表,并完成项目录入工作。住房城乡建设部将会同国家开发银行对各地上报项目进行评估,将评估结果好的项目作为优先推荐项目。

五、加大开发性金融支持力度

(一)做好融资规划。国家开发银行将依据小城镇总体规划,适时编制相应的融资规划,做好项目融资安排,针对具体项目的融资需求,统筹安排融资方式和融资总量。

(二)加强信贷支持。国家开发银行各分行要会同各地住房城乡建设(规划)部门,确定小城镇建设的投资主体、投融资模式等,共同做好项目前期准备工作。对纳入全国小城镇建设项目储备库的优先推荐项目,在符合贷款条件的情况下,优先提供中长期信贷支持。

(三)创新融资模式,提供综合性金融服务。国家开发银行将积极发挥"投、贷、债、租、证"的协同作用,为小城镇建设提供综合金融服务。根据项目情况,采用政府和社会资本合作(PPP)、政府购买服务、机制评审等模式，推动项目落地；鼓励大型央企、优质民企以市场化模式支持小城镇建设。在风险可控、商业可持续的前提下，积极开展小城镇建设项目涉及的特许经营权、收费权和购买服务协议下的应收账款质押等担保类贷款业务。

六、建立工作协调机制

住房城乡建设部和国家开发银行签署《共同推进小城镇建设战略合作框架协议》，建立部行工作会商制度。省级住房城乡建设部门、国家开发银行省级分行要参照部行合作模式建立工作协调机制，加强沟通、密切合作，及时共享小城镇建设信息，协调解决项目融资、建设中存在的问题和困难；要及时将各地项目进展情况、存在问题及有关建议分别报住房城乡建设部和国家开发银行总行。

三、《住房和城乡建设部中国农业发展银行关于推进政策性金融支持小城镇建设的通知》

此文件发布时间为2016年10月10日，具体内容如下。

各省、自治区、直辖市住房城乡建设厅（建委）、北京市农委、上海市规划和国土资源管理局，中国农业发展银行各省、自治区、直辖市分行，总行营业部：

为贯彻落实党中央、国务院关于推进特色小镇、小城镇建设的精神，切实推进政策性金融资金支持特色小镇、小城镇建设，现就相关事项通知如下：

一、充分发挥政策性金融的作用

小城镇是新型城镇化的重要载体，是促进城乡协调发展最直接最有效的途径。各地要充分认识培育特色小镇和推动小城镇建设工作的重要意义，发挥政策性信贷资金对小城镇建设发展的重要作用，做好中长期政策性贷款的申请和使用，不断加大小城镇建设的信贷支持力度，切实利用政策性金融支持，全面推动小城镇建设发展。

二、明确支持范围

（一）支持范围

1. 支持以转移农业人口、提升小城镇公共服务水平和提高承载能力为目的的基础设施和公共服务设施建设。主要包括：土地及房屋的征收、拆迁和补偿；安置房建设或货币化安置；水网、电网、路网、信息网、供气、供热、地下综合管廊等公共基础设施建设；污水处理、垃圾处理、园林绿化、水体生态系统与水环境治理等环境设施建设；学校、医院、体育馆等文化教育卫生设施建设；小型集贸市场、农产品交易市场、生活超市等便民商业设施建设；其他基础设施和公共服务设施建设。

2. 为促进小城镇特色产业发展提供平台支撑的配套设施建设。主要包括：标准厂房、孵化园、众创空间等生产平台建设；博物馆、展览馆、科技馆、文化交流中心、民俗传承基地等展示平台建设；旅游休闲、商贸物流、人才公寓等服务平台建设；其他促进特色产业发展的配套基础设施建设。

（二）优先支持贫困地区。

中国农业发展银行要将小城镇建设作为信贷支持的重点领域，以贫困地区小城镇建设作为优先支持对象，统筹调配信贷规模，保障融资需求。开辟办贷绿色通道，对相关项目优先受理、优先审批，在符合贷款条件的情况下，优先给予贷款支持。

三、建立贷款项目库

地方各级住房城乡建设部门要加快推进小城镇建设项目培育工作，积极与中国农业发展银行各级机构对接，共同研究融资方案，落实建设承贷主体。申请政策性金融支持的小城镇需要编制小城镇近期建设规划和建设项目实施方案，经县级人民政府批准后，向中国农业发展银行相应分支机构提出建设项目和资金需求。各省级住房城乡建设部门、中国农业发展银行省级分行应编制本省（区、市）本年度已支持情况和下一年度申请报告（包括项目清单），并于每年12月底前提交住房城乡建设部、中国农业发展银行总行，同时将相关信息录入小城镇建设贷款项目库（http://www.czjs.mohurd.gov.cn）。

四、加强项目管理

住房城乡建设部负责组织、推动全国小城镇政策性金融支持工作，建立项目库，开展指导和检查。中国农业发展银行将进一步争取国家优惠政策，提供中长期、低成本的信贷资金。

省级住房城乡建设部门、中国农业发展银行省级分行要建立沟通协调机制，协调县（市）申请中国农业银行政策性贷款，解决相关问题。县级住房城乡建设部门要切实掌握政策性信贷资金申请、使用等相关规定，组织协调小城镇政策性贷款申请工作，并确保资金使用规范。

中国农业发展银行各分行要积极配合各级住房城乡建设部门工作，普及政策性贷款知识，加大宣传力度。各分行要积极运用政府购买服务和采购、政府和社会资本合作（PPP）等融资模式，为小城镇建设提供综合性金融服务，并联合其他银行、保险公司等金融机构以银团贷款、委托贷款等方式，努力拓宽小城镇建设的融资渠道。对符合条件的小城镇建设实施主体提供重点项目建设基金，用于补充项目资本金不足部分。在风险可控、商业可持续的前提下，小城镇建设项目涉及的特许经营权、收费权和政府购买服务协议预期收益等可作为中国农业发展银行贷款的质押担保。

第五章

特色小镇创建规划的科学路径

第一节 坚持"特色"生命线

从特色小镇的吸引力、竞争力和持续性这几个方面来说,"特色"是特色小镇的生命力所在,特色小镇的精髓就在于"特色"二字。特色小镇建设必须紧抓"特色"二字,以"特色"为本,带动人文、旅游、社区功能的完善,驱动生产、生活、生态的共融。具体来说,要立足乡土并结合小镇所处地方经济社会和产业发展实际,发现特色、找准特色、挖掘特色和培育壮大特色。进一步而言,"特色"就是本乡本土独有的题材与内容,比如土特产品、风土人情、人文历史、地理条件、自然环境、旅游资源、独特经济等,这些都是属于地方的原汁原味的"宝藏",地方政府通过挖掘和培育,将之发展壮大为大产业、大事业,最后带动地方经济社会发展,给人民带来巨大的物质和精神财富,这样的"特色"才是真正的"特色"。

特色小镇的"特色"应有两个维度：第一个维度是特色的"广度"，即小镇拥有多少种新奇的特色；第二个维度是特色的"深度"，指的是某个重要产业或者空间的特色，是否具有本地区"唯一性"，乃至全省、全国或全球"唯一性"。如果具有全球唯一性，那就可以立于不败之地了。

一、"一镇一品"和"一镇一风格"

特色小镇建设，应防止一哄而上，切忌千篇一律。如果各个小镇的产业、功能、布局都差不多，没有形成差异化，这样就构不成特点，形成不了核心竞争力，当然也无法具有持久的活力。此前在全国各地一窝蜂建起来的主题公园由于千篇一律，一味模仿复制，缺乏新意，缺少活力，时间一长就无法维持消费者的热情，大多数都处于勉强维持甚至亏损状态。可以说，主题公园在中国遍地开花但亏多盈少，这无疑为当下和未来中国要重点推广的特色小镇敲响了警钟。因此，在特色小镇建设方面，重点要突出特色打造、彰显产业特色、人文特色、旅游特色、环境特色、建筑特色和生态特色，从而形成"一镇一品"和"一镇一风格"。以浙江省为例，浙江省的首批特色小镇普遍涉足战略新兴产业和历史经典产业，具体为信息经济产业5个、健康产业2个、时尚产业5个、旅游产业8个、金融产业4个、高端装备制造6个、历史经典产业7个。

二、特色小镇发展要体现差异化

在发展特色小镇的过程中，一定要体现差异化，即每一个特色小镇都要根据自身的产业、经济、人文、环境等因素因地制宜地找准产业定位、选择特色产业和发展模式。要发展特色小镇，一定要结合中国经济社会发展情况，尤其是具体的地方社会经济状况、产业特色发展程度进行详细论证。中国东西部地区存在发展程度的差异和特色产业的不同，这也是中国特色小镇率先在东部的浙江省发展起来的重要原因之一。

1. 找准特色定位

缺乏特色的定位，对特色小镇而言是最大的硬伤，时间越久，失败的风险越大。用一句话概括就是"热潮退去后最终将会变成一座空城"。因此，各地在特色小镇建设上一定要定位明确，每一个小镇都要深入挖掘自己最有基础、最具优势和最富特色的产业。想要把特色小镇的"特色"做精做强就需要开阔视野，在特色领域甚至细分领域找准差异定位，大力发展特色产业，通过差异化竞争和错位竞争，开拓新的方向。

2. 选择特色产业

以浙江省为例，梦想小镇和云栖小镇分别代表两种不同的发展模式：前者着重于"创业"，采取政府推进模式，通过建设众创空间、O2O服务体系等为有创业梦想的年轻人搭建创富平台；后者则采取政府主导和名企运作模式，重在发展成熟企业，引领产业发展壮大。

3. 选择发展模式

以江苏省为例，江苏省发展改革委强调特色小镇建设首先要坚决走差异化道路，小镇规划建设时要突出"特色"这一重点；其次，要有高品质的追求；再次，要有特色型产业；最后，要有新技术助力。江苏发展特色小镇要广泛运用新技术（如大数据、移动互联网和云计算等），达到提高经营管理水平、推动小镇持久经营的目的。

三、抓住特色小镇的"特色"

对于"特色"，权威专家认为，应该是从这块地方上长出来的，而不是具有小资情调的投资者、设计师或者是政府的官员通过政策恩赐的、赋予的、叠加的。按照《关于开展特色小镇培育工作的通知》精神，应当培育特色鲜明的产业形态，产业定位精准，特色鲜明，战略新兴产业、传统产业、现代农业等发展良好、前景可观。产业向做特、做精、做强发展，新兴产业成长快，传统产业改造升级效果明显，充分利用"互联网+"等新兴手段，推动产业链向研发、营销延伸。

打造特色小镇必须具备一定的客观条件。严格来说，特色小镇一定要立足小镇自身资源和环境禀赋，充分发挥区位、人文、环境和产业优势。从历史文化特色来看，文化历史是小镇的灵魂。中国农村和小城镇历史文化悠久，无论是经济发达的东部，还是经济欠发达的中西部，许多农村地区都拥有灿烂的历史文化，成为华夏文明的一个重要组成部分。这些小镇大都传承了优秀的文化，保留了优美的环境，体现了明显的地域特色。因此，应该在人文和环境方面大做文章，将之转变为发展的竞争优势。

关于"特色"二字该如何具体体现，冯奎认为，"特"字体现在特色产业、特色人文和特色景观上。从产业上来讲，主体企业、主体产业或主体产品起码应占四五成或以上份额；从人文或景观上讲，要有体现当地历史文化的建筑、活动场景等。

第二节 产业支撑

产业是特色小镇的灵魂和生命力所在。2015年，浙江省37个省级特色小镇创建对象完成特色产业投资近290亿元，占投资总额的60%；特色产业工业企业主营业务收入近240亿元，占特色小镇工业企业主营业务收入的68%；服务业营业收入超过400亿元，占特色小镇企业服务业营业收入的66%。建设特色小镇要准确理解中央和国务院的指示精神，不能一哄而上，为了"特色"而"特色"。特色小镇只有先将本地的特色产业做起来，才能分流一些特大城市以及大城市的人口，同时解决就业问题，创造税收。各地的特色小镇不是靠"撒胡椒面"搞出来的，而是根据自身的产业特点以及特色打造出来的。

一、特色小镇建成后需要提升自身造血功能

特色小镇不是应景的项目,也不是地方政府的面子工程。严格来说,地方政府和社会资本斥巨资打造的特色小镇必须保持长久的活力和生命力,才能实现政府建设特色小镇的初衷,达到社会资本的投资回报。因此,对特色小镇而言,要地方政府长期无限地给予补贴并不现实,要社会资本大量投资却长期亏损更不可能,需要小镇建成后提升自身造血功能,为此首先就需要把特色产业摆在最突出的位置。对此,江苏省发展改革委指出,特色小镇发展,产业是持续造血的根本。没有产业,只会成为徒有其表的空城。

二、特色小镇需要扎实的产业基础

产业基础是打造特色小镇的前提。调研发现,在特色小镇建设领域成效明显的浙江省、江苏省、上海市乃至整个长三角地区,产业基础是特色小镇建设最明显的动力。如浙江省块状经济突出,产业基础扎实,某一种特色产业遍布一个镇甚至跨越几个镇,形成了在某一行业领域的领军者和"单打冠军":浙江省产生了一些在全国乃至世界都知名的特色小镇,这些小镇均以产业命名,

如青瓷小镇、黄酒小镇、袜艺小镇、画艺小镇、红木小镇以及赏石小镇等，仅从小镇的名字就能清楚地知道相关特色产业在小镇发展过程中的作用和地位。

三、形成产业项目与产业集群

在对特色小镇进行战略规划后，最重要的是要有落地的特色产业以及与特色产业相关的具体项目。可以说，具体项目是支撑特色小镇建设发展的核心细胞。如果把特色小镇建设比喻成一个"面"，特色小镇中的一个个项目（包括基础设施建设项目）是一个个"点"，那么，产业无疑是这个"面"上串起一个个"点"的一根根"线"。串点成线、点线结合、线面结合，是最理想的格局。

此外，好的特色小镇应有产业集群，即企业相互之间高度细密的分工与合作关系，这种模式造成了集群，它是自组织体系的，集群反过来又会造就小镇的自组织特性。具体来说，在发展壮大主导产业和支柱产业的过程中，要在财政、税收、金融、用地政策等方面支持龙头企业，发挥其引领和带动作用，从而推动和形成产业集群，在节约交易成本和抱团发展的同时，形成产业规模效应。

四、提高产业集聚度与产业链完整度

众所周知,特色小镇建设涵盖的内容丰富多元,但最核心的是特色产业。具体来说,就是围绕特色小镇的特色产业,通过工商(工业和商业)互补,文旅(文化和旅游)互助,从制造业、金融业延伸到休闲娱乐、住宿餐饮、文化旅游、体育健身、养老医疗等各个行业,以提高特色小镇的产业集聚度、产业链完整度和融合发展的综合实力。

概括而言,特色产业是特色小镇建设的"发动机",是特色小镇持续运营的"助推器"。

第三节 产业规划

国家重点推广特色小镇，与当下中国经济转型和产业转型升级的大背景息息相关。对于国家而言，特色小镇建设的核心要义是实现产业转型升级，且应与目前国内正在大力发展的绿色经济、低碳经济、循环经济相适应。

科学的产业规划是特色小镇发展的前提和保障。因此，在产业规划方面，特色小镇一定要基于小镇所在地的资源基础、产业基础、经济状况以及人员规模、劳动力结构、人口素质等各个方面的因素改造、提升已有的产业，同时积极培育新产业。

一、招商："横向厚度"与"纵向长度"

无论是发展数十年、上百年甚至上千年的历史经典产业（如瓷器、布艺、画艺、具有浓郁地方特色的饮食等），还是战略性新兴产业（互联网、新能源、智能产品等），都需要引进外来优质企业，引来"活水"。一方面，需要打破因循守旧、不思进取的怪圈，对传统经典产业更是如此。所谓"流水不腐，户枢不蠹"，只有竞争才能促进发展，才能不断创造新的具有竞争力的产品，实现产业转型升级。另一方面，引进新的产业，可以完善特色小镇的产业链条，促进分工合作，提高小镇生产效率，形成一个具有核心竞争力的"拳头"，从而更好地滋养地方经济。

具体来说，要从"横向厚度与纵向长度"两个方面做文章。第一，要打造特色产业的厚度，引进的产业需要与当地产业"横向聚集"，必须是与当地产业同一类型或者高度相关联的企业和产品。不能搞"拉郎配"，更不能有"捡到篮子里都是菜"的想法。否则，引进的企业和产品如果与特色小镇的产业关联性不够或者根本无关，不仅不会增加小镇特色产业的厚度，而且很可能起到负面作用，削减产业的核心竞争力。最后小镇没有打造成"精品店"，而是成了"杂货铺"。

第二，要拉伸产业的长度，即纵向延伸强化产业链条，提升产业的附加值。随着社会经济的快速发展，产业的总体趋势是分工越来越细，专业化程度越来越高。

由于特色小镇一般都有扎实的产业基础，具有较强的竞争力和较高的知名度，因此，在引进产业方面，应重点围绕已有特色产业延伸产业链条：既可以向上游的基础环节和技术研发环节延伸，又可以向下游的市场拓展环节延伸，这有利于整合当地企业资源和降低企业生产经营成本，最终增强小镇特色产业的核心竞争力。以旅游特色小镇为例，可以通过引进与旅游相关的产业，打造"旅游+"的产业集群，从而发展旅游产业，丰富旅游业态，形成二次消费，拉动地方经济增长。

二、特色小镇的类型及未来重要领域

通过分析国内特色鲜明的特色小镇，我们可以总结归纳出十种小镇类型：

历史文化型，如浙江省的黄酒小镇、青瓷小镇、丝绸小镇，贵州省的茅台酿酒小镇，河北省的馆陶粮画小镇等；

城郊休闲型，如贵州省的美食小镇、北京市小汤山温泉小镇等；

新兴产业型，如浙江省的梦想小镇、云栖小镇、云制造小镇等；

特色产业型，如浙江省的大唐袜艺小镇、巧克力甜蜜小镇、毛衫时尚小镇等；

交通区位型，如浙江省的萧山空港小镇，北京市的新机场服务小镇等；

资源禀赋型，如浙江省的石雕小镇、龙坞茶小镇等；

生态旅游型，如云南省的丽江玫瑰小镇；

高端制造型，如荆门爱飞客航空小镇；

金融创新型，如浙江省上城玉皇山南基金小镇，北京市房山基金小镇等；

时尚创意型，如浙江省余杭艺尚小镇、兰亭书法文化创意小镇等。

那么，具体哪些地方具有被培育成特色小镇的潜质？地方政府应该从哪些方面入手才能抓住特色小镇培育的"牛鼻子"？又应该怎样规避"千镇一面"？

研究发现，未来特色小镇培育的重要领域如下：

一是旅游业。中国有5000年的文明史，拥有丰富的自然和人文历史资源宝藏。

二是现代制造业。现代制造业是现代科学技术与制造业相结合的产物。经过几十年的改革开放，中国大力发展制造业，尤其是在珠三角和长三角等经济发达地区，制造业已经有了雄厚的技术积淀和资本积累。而现代制造业实质是制造业结构的升级优化，其重点强调知识、技术含量、现代管理理念等核心元素，具有附加值大、利润率高、核心竞争力强等特点。

三是高新技术。如大数据、云计算、移动互联网等。如果地方政府能够抓住高新技术发展的契机，必将在特色小镇的竞争中占有突出的优势。

四是商贸物流。随着中国乡村消费升级和电商在乡村不断深入，电子商务、消费型商贸和物流有机结合的地方可以发展成为独具特色的小镇。以淘宝村为例，浙江、广东、江苏、山东等地农村出现了一批专业的淘宝村。截至2017年，全国有淘宝村超过2100个，淘宝镇超过240个，淘宝村数量最多的三个省是浙江、广东和江苏，合计占比超过68%，山东、福建、河北的淘宝村数量都超过100个，中西部淘宝村共68个，其中河南省淘宝村数量位居中西部之首，并且实现了淘宝镇"零突破"。山东省淘宝村数量位居全国第四，菏泽市淘宝村数量在全国城市中并列第一，曹县是山东省最大的淘宝村集群。其中，曹县的大集镇32个行政村都成为了淘宝村，孕育出全国最大的儿童演出服产业集群。

五是"双创"。拥有科技创新和现代服务业优势的地区将在特色小镇的发展上率先发力。此外，现代教育业（包括作为公共服务存在的教育事业和作为商业化形式发展的教育产业）、大健康产业（包括现代医疗医药、生物工程、养生养护养老等）、现代农业（包括绿色休闲农业、旅游观光农业等）等行业符合中国国情，是未来的发展趋势，必将得到政府的大力支持，也必将在特色小镇发展中脱颖而出。

总的来说，特色小镇建设的核心是产业融合、产业延伸、产业转型升级，由此带来小镇的产业聚集、人口聚集和消费聚集。结合优美的环境、完善的配套设施和舒适的居住创业环境，形成一个集优美环境（包括自然环境和制度环境）、优质企业（包括技术类企业和金融类企业）、优秀人才（包括工程技术类、经营管理类、金融财务类人才）等多种要素于一体的区域，最终带动地方经济社会的快速发展。

第四节 关键要素——"钱""人""地"

特色小镇建设首先是要解决好三个方面的问题：一是"钱"的问题；二是"人"的问题；三是"地"的问题。

一、"钱"的问题

兵马未动，粮草先行。特色小镇建设首先就要解决"钱"的问题，即谁来投钱，谁来建设。作为地方政府，应该深刻理解并坚持特色小镇建设"政府引导，企业主体，市场化运作"的理念，要充分调动各类社会资本的积极性。

二、"人"的问题

"人"的问题主要包括两个方面：一个是有关当地居民的问题，另一个是引进外来优秀人才问题。

1. 当地居民安排

特色小镇是产业、人文、旅游和社区四位一体，小镇的发展必将涉及当地旅游资源、土地等，而这些都与当地居民密切相关，许多资源甚至为居民集体所有。所以，要发展特色小镇，一定要充分考虑居民的切身利益，解决好居民的就业（将来多数要从第一产业向第二产业和第三产业转移）问题。否则，特色小镇的建设和运营会困难重重，遇到的阻碍难以想象。对特色小镇的投资者而言，需要重点把握的是，特色小镇不是房地产小镇，将来的人口以当地居民为主体，需要处理好政府、社会资本和农村集体多元主体间的关系。基于这一点，投资者在统筹考虑问题时会少走弯路。

2. 人才引进

特色小镇非简单的村镇改造，而是新常态下转变经济发展方式的一种新探索，同时也是推进新型城镇化战略的一种新实践，是一项集产业升级、环境美化于一体的系统工程，其目标是宜居、宜游、宜业，这就要求小镇拥有一个高素质的建设和运营团队，而这个团队也是未来小镇居民的一部分。因此，需要吸引城市的各类优秀人才到小镇投资、创业、定居。这样，小镇才有持续发展的动力和活力。

在特色小镇的发展过程中，地方政府急需智力支持，需要培训、引进专业的人才队伍。2017年1月，国家发展改革委联合国家开发银行出台了《关于开发性金融支持特色小（城）镇建设促进脱贫攻坚的意见》（发改规划〔2017〕102号），指出要加大对贫困地区特色小（城）镇建设的智力支持力度，国家开发银行扶贫金融专员要把特色小（城）镇作为金融服务的重要内容，帮助派驻地（市、州）以及对口贫困县区域内的特色小（城）镇引智、引商、引资，着力解决缺人才、缺技术、缺资金等突出问题。以"开发性金融支持脱贫攻坚地方干部培训班"为平台，为贫困地区干部开展特色小（城）镇发展专题培训，帮助他们正确把握政策内涵，增强运用开发性金融手段推动特色小（城）镇的建设、促进脱贫攻坚的能力。

营造优美的环境是特色小镇吸引人才的基础条件。以浙江省为例，除了扎实的产业基础、完善的基础设施、雄厚的民间资本和浓厚的商业气氛之外，浙江省还有一点值得称道却易被外界忽视的地方，即非常重视营造优美的环境。浙江省特色小镇无论是人文环境还是自然环境均属一流，有的小镇所属的地方是全国乃至世界著名的旅游胜地，如乌镇、西湖等。浙江省重点打造"景区+小镇"模式，以优美环境吸引人才，以人才聚集带动要素聚集。

小镇吸引人才，人才托起小镇。截至 2016 年底，浙江省各地的 78 个特色小镇累计进驻创业团队 5473 个，国家级高新技术企业 291 家；聚集了浙大系、阿里系、海归系、浙商四大类创业人才 12 585 人；吸引国家级、省级"千人计划"人才 239 人，国家和省级大师 205 人。以萧山信息港小镇为例，2016 年就聚集了来自广东、安徽、河南等全国各地的创业团队 400 多个，大学生创业者、大企业高管及其他继续创业者、科技人员创业者、留学归国人员创业者等创业人才平均年龄仅为 26.4 岁。

三、"地"的问题

特色小镇建设需要集中一定规模的建设用地。然而，特色小镇通常位于城郊和远离中心城市的农村地区，这些地方的土地特点是分布零散、权属关系复杂、确权难。特色小镇建设需要达到一定的规模，且通常是分功能区建设，连片经营，要求土地相对集中，有一定的经营集聚效应。显然，许多地区要建设特色小镇在"地"的方面有难度。业内人士建议，要进一步深化农村土地制度改革，根据特色小镇功能的不同创新土地的流转、出让和征收方式，达到土地资源的统一规划、整体开发和集约利用。尤其需要强调的是，在对土地进行统一规划后，需要建立起社会资本、失地农民等各方的长期受益模式，否则，将会给未来特色小镇的运营留下隐患。

四、特色小镇发展的制度创新

特色小镇虽然"非镇非区"，但在发展过程中，却与城镇化、工业园区、经济开发区有许多相似之处：毗邻城市、产业集聚、居住生活……那么，特色小镇建设如何区别于以往的工业园区、经济开发区，不走"新瓶装旧酒"的老路呢？

1. 创新是特色小镇发展的根本动力

特色小镇要快速健康地发展，必须坚持以改革创新为动力，不仅要把特色小镇作为产业转型升级、拉动经济增长、促进新型城镇化建设、提高人民生活水平的载体和平台，而且要把特色小镇作为全国深化改革的示范和引领。特色小镇的魅力和生命力就在于持续的创新。以信息产业等智慧型新兴产业为例，其明显的特征是初始阶段投资风险大、不确定性因素多，金融机构和投资机构支持力度不大。如果按传统的标准来考量，这类投资规模不大、带动人口就业不多的企业很难受到政府青睐，难以享受到用地、税收、金融等方面的支持和优惠。因此，要发展信息产业特色小镇，需要政府改变观念，出台创新政策，从多方面支持和培育信息产业的发展。此外，年轻的创业群体有梦想、有激情、有知识和有创意，却存在无资本、无经验、无市场和无支撑的不足，特色小镇就是要帮助这个创业群体解决"四无"难题。

2. 特色小镇建设需要土地制度创新

如上所述，要搞好特色小镇的建设，关键是要解决好三个方面的问题，即"钱""人""地"。就"地"而言，以江苏省建设特色小镇为例，人多地少、土地资源稀缺和开发强度高是江苏土地利用的基本省情。江苏省特色小镇建设严格按照节约集约用地的要求，充分运用同一乡镇范围内村庄建设用地布局调整、城乡建设用地增减挂钩、工矿废弃地复垦利用、城镇低效用地再开发、人地挂钩等政策工具，着力盘活存量用地，严控开发强度和新增用地。为加强特色小镇的规划建设管理，江苏省创新土地利用规划工具，根据2015年江苏省政府出台的《江苏省土地利用总体规划管理办法》规定，以特色小镇为主体，编制功能片区土地利用（总体）规划。围绕特色功能，基于资源环境承载力、多规协调，按照"空间整合、指标管控、集约集聚、功能凸显"的原则，合理界定人口、用地规模，严格划定小镇边界，处理好小镇国土空间利用与人口分布、生产力布局、资源环境保护的关系。

第五节　人才的引、留、用

特色小镇要发展，离不开人才，应该以"人才强镇"为发展理念，突出引才、用才、留才，为特色小镇建设提供人才支撑和智力保障。

围绕特色产业引人才。"才华需要舞台，人才需要平台"，要拿出"特色"的人才政策吸引"特色"的人才，不断发挥特色小镇对人才引进的比较优势，努力把特色小镇打造成为人才创新创业的"幸福小镇"。比如到高校院所开展人才招聘专场活动，邀请他们到特色小镇实地调研，请他们为小镇的发展献计献策。也可以与国内知名团队展开智力合作，以借智借力的发展模式，让他们的顶尖人才在打造特色小镇的项目设计和运营等方面发挥积极的作用。用各种方法手段吸引人才，加速人才向特色小镇汇集。政策层面上，出台含金量很高的政策支持企业创新。其他配套服务上,鼓励大学生毕业到特色小镇,可以提供租房补贴、安家费等,创新型人才还能租住人才安居房。对于高层次人才来说,团队落户将有机会享受到上百万、千万元的专项资金支持。

围绕特色资源用人才。结合特色小镇的打造需求,充分发挥资源优势,以人才带项目、项目带人才,招商引资与招才引智深度融合,为特色小镇建设"助跑"。

围绕特色服务留人才。环境好则人才聚、事业兴,环境不好则人才散、事业衰。中国城市建设广受诟病的地方在于千城一面,不惜以高投入追求片面而且粗放的"高大上",而特色小镇要做到名副其实,应该更加注重小而美、小而精的集约化发展思路,最大化地利用现有资源。中国的中心城市之所以能够吸引人才,一方面是工作机会多,所以会有北漂一族;另一方面是教育资源、医疗资源等资源高度集中,而且多数资源乃至工作机会都与户籍制度捆绑,精英人才付出高成本向中心城市集中,只是在为这些资源买单。特色小镇能够在何种程度上创造条件改善资源劣势,形成人才集中、产业发展的良性循环,也是其成败的关键。

现阶段讲,在注重软硬件配套的同时,特色小镇的区位条件和产业吸附能力对于吸引人才也极为关键。从这个角度讲,最具成长潜力的特色小镇是一二线重点城市远郊或周边的卫星小镇，这些小镇有大城市购买力的溢出效应，或者有产业导入支撑，围绕这些资源，且结合现有的产业要素基础，特色小镇可以在健康养老服务、文创旅游等题材上深挖发展潜力。

在特色小镇人才的引、留、用上，各地特色小镇的负责部门，一要强化认识，统筹谋划特色小镇人才工作。二要突出重点，精准推进特色小镇人才工作。三要形成合力，做实抓细特色小镇人才工作。

第六节 "双创"提供核心竞争力

2015年,"大众创业、万众创新"被写入《政府工作报告》。2015年6月,国务院常务会议提出要大力支持"双创":鼓励地方设立创业基金,对众创空间等办公用房、网络等给予优惠;对小微企业、孵化机构等给予税收支持;创新投贷联动、股权众筹等融资方式;取消妨碍人才自由流动、自由组合的户籍、学历等限制,为创业创新创造条件;大力发展营销、财务等第三方服务,加强知识产权保护,打造信息、技术等共享平台。

"双创"和特色小镇建设二者之间有什么样的关系?在发展的过程中是否有交集?是否能够做到相互促进、相辅相成呢?对此,专家指出,中国特色小镇建设应该做足"双创"文章。

事实上,国家政策也大力倡导特色小镇建设为"双创"服务，从而促进小镇自身的发展。《关于加快美丽特色小（城）镇建设的指导意见》提出，要营造吸引各类人才、激发企业家活力的创新环境，为初创期、中小微企业和创业者提供便利、完善的"双创"服务；鼓励企业家构筑创新平台、集聚创新资源；深化投资便利化、商事仲裁、负面清单管理等改革创新，打造有利于创新、创业的营商环境，推动形成一批集聚高端要素、新兴产业和现代服务业的特色鲜明、富有活力和竞争力的新型小城镇。

实践证明，特色小镇既是推动中国新型城镇化建设的新载体，也是承接"双创"的大平台，发展特色小镇是中国经济转型和产业升级的需要。具体来说，要在特色小镇发展过程中对接大城市资源，吸引高科技人才和高新技术企业，增加技术、资本、产业、创业者和孵化器的聚合度，构建创业创新生态圈，推进新产业、新业态的发展，增强特色小镇的凝聚力和核心竞争力。

第七节 "互联网+"特色小镇

早在 2015 年,"互联网+"就上升为国家战略。"互联网+"的应用与推广,让传统产业突破发展瓶颈、新兴产业更快发展。

对特色小镇建设而言,其主要产业为具有传统文化内涵的历史经典产业,也有战略性新兴产业。国家发展特色小镇的目的是实现地方经济转型和产业升级。如果与"互联网+"嫁接,那么,"互联网+"将使特色小镇实现历史与现代、传统与时尚的互联互通,升级老产业、诞生新业态。从更高层次而言,"互联网+"不仅是一种高新技术手段,更是一种思维方式的转变和对特色小镇的全新认知理念。

当下,"互联网+"已经成为一种生活方式、生产方式、经营方式,未来的产业和生活,一定是有互联网基因的产业和生活。基于此，发展汇集产业、生态、文化和社区功能四位一体的特色小镇也不例外，需要实现与互联网的充分融合：一方面，互联网打破了传统产业的发展瓶颈，是特色小镇产业集聚、创新和升级的新平台与新动力；另一方面，对于那些朝阳产业、战略新兴产业而言，"互联网+"更可促进其加快发展。

当下中国许多特色小镇，从规划之初就充分考虑到了互联网时代的产业发展现实和趋势，对基于互联网而兴起的产业有详细的思考和通盘谋划，拥有着周密的智能小镇的规划。自国家颁布特色小镇计划以来，"互联网+特色小镇"备受各界关注和推崇。

以浙江省特色小镇为例，大数据、云计算、互联网金融、电子商务等高新产业与互联网紧密相连，即使那些传统的历史经典产业（如茶叶、丝绸、黄酒等），也不是对过去的简单复制，而是以互联网创新理念和技术激发产业活力，推进产业转型升级。在浙江省嘉兴市，在互联网时代的浪潮中，有许多因"互联网+"思维而诞生的特色小镇，如海宁皮革城时尚小镇、智慧物流小镇、归谷智造小镇等均依靠"互联网+"大力推动转型升级。不仅如此，这些特色小镇还通过"互联网+"创造出新的优势，增强了核心竞争力。截至2016年11月，浙江省嘉兴市已规划建设10个互联网特色小镇。具体来说，互联网特色小镇分为两大类：一是培育创新型互联网企业，打造互联网产业集聚区的互联网产业类小镇，如嘉善县互联网通信小镇；另一类是以推进互联网与特色产业深度融合，培育互联网新应用、新模式、新业态的"互联网+"应用类小镇，如秀洲智慧物流小镇。

中国要发展"互联网+特色小镇"，重点需要从以下几个方面入手：一是要建立大数据中心，实现数据的集中和共享，从而提升特色小镇的规划、建设、管理和服务等方面的智慧化水平；二是需要找准定位，充分利用当地资源，围绕产业、生态、文化、功能几个方面重点建设；三是需要结合当地基础，推动互联网与传统优势产业、现代服务业、金融业和物流业的深度融合。

第六章

特色小镇建设的商业模式

第一节 特色小镇创建的开发运营模式

特色小镇建设一旦启动，采取何种开发运营模式就是当务之急要解决的问题。

一、开发模式

调研发现，当下中国特色小镇建设主要有以下开发模式：

土地一级开发。即投资者只做小镇土地的一级开发，从中直接获得经济利益。此外，还可以通过补贴等方式享受土地升值带来的收益。

二级房地产开发。具体来说，这种模式包括六大类：居所地产、商铺型地产、客栈公寓型地产、周末型居所地产、度假型居所地产以及养老地产。投资者通过二级房地产开发实现投资收益。

产业项目开发。这种模式主要包括两类：特色产业项目开发和旅游产业项目开发。投资者通过产业项目的开发实现投资收益。

产业链整合开发。这种模式主要包括两大产业链：特色产业链和泛旅游产业链。具体来说，一个小镇经过漫长的积淀之后，形成了某一个产业，政府部门和投资者需要围绕这个行业做文章，重点是做大核心产业，延伸产业链条，构建一个区域产业生态圈。

城镇建设开发。这种模式主要包括三大类：第一类是为小镇提供包括公共交通、供水、污水处理、垃圾处理等在内的市政服务；第二类是为小镇提供管理服务；第三类是为小镇提供配套服务，如学校、医院、养老机构、文化馆、体育馆等。

二、建设运营模式

特色小镇的建设和运营应采取什么样的模式？建设和运营的主体是谁？地方政府在其中扮演什么样的角色？

从全国范围看，特色小镇的建设主要有三种模式：第一种模式是"政府引导、企业建设"，如北京密云古北水镇，是由中青旅根据密云区的城镇发展规划要求投资建设的旅游特色小镇（自 2014 年古北水镇营业以来，已成为京郊旅游度假的新亮点，不仅有效带动了周边地区民俗旅游、生态农业、餐饮娱乐、民俗节庆、旅馆住宿等相关产业的发展，也促进了农村的城镇化进程）；第二种模式是"政企合作、联动建设"，如浙江省杭州市云栖小镇，是由杭州市西湖区政府与阿里巴巴云公司及转塘科技经济园两大平台共同打造的一个以云生态为主导的产业小镇；第三种模式是"政府建设、市场招商"，如北京市基金小镇是由北京市文资办、北京市房山区政府与文资泰玺资本联手打造的。

三、投融资模式

概括来说，特色小镇建设投融资模式主要有两类：一类是政府以平台公司的模式投资建设。不过，2014 年 10 月 2 日，国务院发布《关于加强地方政府性债务管理的意见》（国发〔2014〕43 号，以下简称 43 号文），明确提出"剥离融资平台公司政府融资职能，融资平台公司不得新增政府债务"。43 号文对地方债务开启了严监管模式，使地方政府融资能力大幅受限。另一类是各类社会资本以 PPP 模式参与投资。

从国家对特色小镇建设的要求来看,"政府引导、企业主体、市场化运作"是特色小镇建设的关键,其含义是政府搭建事业平台,为特色小镇建设提供服务(重点是小镇的定位、规划和建设运营监督)。而在特色小镇的建设中,主体应该是通过市场化的手段引进的实体企业和各类社会资本,而非政府部门。

此外,特色小镇建设无论采取哪种模式,都需要外部资金的帮助,主要包括商业银行信贷资金、开发性银行政策资金、政府贴息、各类基金、资产证券化等。

第二节 特色小镇创建的主体

特色小镇建设的主体，主要有政府、社会资本（产业资本和金融资本）、运营公司、当地的集体经济组织等。要科学、规范、快速地建设特色小镇，必须发挥各类主体的积极作用。

一、政府投融资平台是特色小镇建设的保障

如前所述，虽然中国经济发展进入新常态，国家出台43号文严控地方债，但在特色小镇建设中，需要有一个牵头主体、引导主体、规划主体，这个主体非政府投融资平台莫属。一方面，政府投融资平台代表政府，有规划的优势，其主要职责是完成特色小镇规划、基础设施建设、优化政府供给等引导性工作，这

是其他任何主体都无法完成的任务；另一方面，政府投融资平台的参与能起到增信作用，激发社会资本的投资积极性。这一点在 PPP 模式下体现得尤为明显：政府投融资平台与社会资本共同组建 PPP 项目公司，以 PPP 项目公司的名义投融资、建设和运营，政府投融资平台在分担社会资本投资风险的同时，还起到项目增信的作用。

二、特色小镇建设需要社会资本的参与

特色小镇建设具有投资规模大、持续时间长、技术和管理门槛高等特点，在地方政府财政压力大的背景下，地方政府无论在资金、技术还是管理方面都远不能承担起建设特色小镇的重任。中国要搞好特色小镇的建设，关键是解决好三个方面的问题，即"钱""地""人"。首先，在"钱"的问题上，对地方政府而言，亟须引进资金雄厚的社会资本，以解决特色小镇建设过程中资金不足的难题。建设特色小镇，靠地方政府单打独斗肯定不行，必须以市场化的手段，凭"梧桐树"招来"金凤凰"。

事实上，特色小镇建设离不开社会资本的参与。如特色小镇要求"产业特色鲜明"，产业是特色小镇的根

基和灵魂，而产业的发展壮大，需要借助产业资本尤其是大的产业资本的帮助。以浙江省杭州市云栖小镇为例，在阿里巴巴等公司的积极参与下，镇内集聚了阿里云、华通云等80多家涉云企业，成为一个名副其实的"云产业"特色小镇。2016年2月，国家发展改革委举行新闻发布会，重点推广浙江省的特色小镇，云栖小镇成为特色小镇的典型案例。

三、依托当地特色资源

特色小镇不是只具有某一项功能，而是产业、人文、旅游和社区功能"四位一体"和生产、生活、生态"三生融合"的小镇。缺了哪一项功能，都不能称其为"特色小镇"。因此，小镇建设需要依托当地的特色资源（如土地、旅游景点等）。进一步分析发现，这些特色资源往往被小镇或村集体经济组织所持有。在此背景下，要建设特色小镇，就离不开集体经济组织，必须考虑集体经济组织的利益，充分调动其积极性，如解决劳动力就业、入股分红等，最终实现政府、社会资本、企业和集体经济组织的共赢。否则，特色小镇建设将面临极大的阻碍，困难重重。浙江省横店影视小镇就是一个成功的例子。

四、发挥运营机构的作用

"建设"只是特色小镇的一个部分,即使成功建设也只是一个新起点,真正考验特色小镇能否成功的是长期的运营。换句话说,要保证特色小镇持续健康稳定地发展,具有专业能力和强大市场号召力的运营机构必不可少。调研发现,市场上并不缺乏专业运营机构,此类机构在项目规划阶段就应提前介入,为未来小镇日常运营和确保小镇可持续发展奠定坚实的基础。

第三节　政府的角色和功能定位

众所周知，建设特色小镇是一项长期的任务，一个成熟的特色小镇建设时间长达二三十年。不仅如此，特色小镇建设主体复杂，既有地方政府，也有包括国企、外资、民企以及混合所有制企业在内的社会资本，又有包括银行、基金、信托、保险等在内的金融机构，还有产业链上的供应商、运营商等。毫无疑问，在特色小镇建设中，起牵头和引领作用的是地方政府。

一、政府的角色定位

在特色小镇建设中，政府到底应该扮演怎样的角色，又该如何发挥这个角色的作用呢？

《关于加快美丽特色小（城）镇建设的指导意见》

指出，要按照"政府引导、企业主体、市场化运作"的要求，创新建设模式、管理方式和服务手段，提高多元化主体共同推动美丽特色小（城）镇发展的积极性。2016年12月，国家发展改革委、国家开发银行、中国光大银行、中国企业联合会、中国企业家协会、中国城镇化促进会共同发布的《关于实施"千企千镇工程"推进美丽特色小（城）镇建设的通知》（发改规划〔2016〕2604号）中强调，"千企千镇工程"，是指根据"政府引导、企业主体、市场化运作"的新型小（城）镇创建模式，搭建小（城）镇与企业主体有效对接平台，引导社会资本参与美丽特色小（城）镇建设，促进镇企融合发展、共同成长。此外，2015年5月，浙江省政府率先出台了《浙江省人民政府关于加快特色小镇规划建设的指导意见》，指出在运作方式上，特色小镇建设要坚持政府引导、企业主体、市场化运作，既凸显企业主体地位，充分发挥市场在资源配置中的决定性作用，又加强政府引导和服务保障，在规划编制、基础设施配套、资源要素保障、文化内涵挖掘传承、生态环境保护等方面更好地发挥作用。

由此可以明确的是，在特色小镇建设中，政府主要扮演"引导员"和"服务员"的角色，重点在规划编制、基础设施配套、文化内涵传承、生态环境保护等方面发挥作用。

二、政府的功能定位

特色小镇建设有两个最为重要和突出的主体：一个是政府部门（主要负责小镇规划、监督和引导），另一个是企业（主要负责小镇建设、投融资和运营）。可以说，政府和企业，二者缺一不可，否则特色小镇建设无从谈起，更不可能建设成功。换句话说，如果只是地方政府"剃头挑子一头热"，企业没有参与建设的积极性，那么创建特色小镇只能是空谈。同样的道理，如果只是企业一厢情愿地建设特色小镇，政府部门没有热情，或者不引导、不规划，小镇不仅建设缓慢，而且有可能由于社会资本的利益驱使而"房地产化"，丧失持续发展动力，最后成为只有特色皮毛而没有特色灵魂的"四不像"。因此，如何处理好与企业的关系，既发挥企业的积极性，又对企业进行有效监督，对地方政府来说无疑是一个严峻的挑战。

政府的定位要准确，政府是公共服务的供应商，有责任决定公共服务的数量和质量，并在资金上和执行上给予保证，但政府不一定非得自己生产服务，供应服务和生产服务这两者可以而且经常是分离的。此外，政府的一项重要职责是规范那些影响城镇居民公共福利、健康及安全的私人行为，比如规范并监督基础设施建设质量，防止"豆腐渣"工程；建立健全的社会保障体系，以吸引优秀人才，减少外来人员后顾之忧等。

第四节　特色小镇创建中各方的机遇

特色小镇在全国呈燎原之势，各社会资本方以及中介咨询机构都将目光瞄准了这块大"蛋糕"：一是社会资本方，如产业资本、金融机构、投资机构甚至个人投资者。分析其中的原因，一个重要的方面是中国经济发展进入新常态，"资产荒"亟待破解，无论是产业资本还是金融资本都急需寻找新的投资项目。二是房地产商。如前所述，在国家大力调控房地产、城市优质地块越来越少的背景下，房地产商正在努力寻求产业转型升级，自然会将触角伸到特色小镇这种新兴业态上。特色小镇也涉及房地产，如医疗、养老机构的建设。事实上，部分房地产商正以"医疗+养老"的模式借势进军特色小镇建设领域，且取得了相当大的进展。三是中介咨询机构。由于特色小镇建设在中国还处于起步阶段，且涉及投融资、建设、管理、运营等多个专业领域，需要复杂的法律、金融、财务、技术和管理等方面的专业知识。而当下中国各级地方政府还缺乏这方面专业的人才和可资借鉴的案例，在特色小镇建设运营上存在不足，急需借助第三方力量的支持。因此，中介咨询机构的专业支持在特色小镇建设过程中显得尤为重要。从另一个角度看，对中介咨询机构而言，特色小镇建设领域蕴含着大量的商业机会，市场空间巨大，通过参与这个新兴的领域，中介咨询机构自身也可获得快速的发展。

第五节　特色金融助力特色小镇建设

一个显而易见的事实是，特色小镇的特点是投资规模大、建设和运营周期长。"兵马未动，粮草先行"，要打造特色小镇，资金问题是摆在地方政府面前的头等大事。因此，目前要大力推广特色小镇，急需金融助力。

一、特色小镇建设的五种融资渠道

当下中国特色小镇建设的融资渠道主要有政府资金、社会资本、政策性资金、开发性金融和商业金融五种。要加快特色小镇建设，必须充分认识并发挥这五种融资渠道各自的作用：

政府资金的"引导作用"。如国家发展改革委等部门给予符合条件的特色小镇项目专项资金支持,中央财政对建设较好的特色小镇发放的适当奖励等。

社会资本的"主体作用"。特色小镇建设的理念是"政府引导、企业主体、市场化运作",此处的"企业主体"主要是指社会资本方,而社会资本方参与特色小镇建设,一个重要的方面是给予资金支持,缓解政府财政压力。同时社会资本方还拓宽了自己的投资渠道,能够获得未来长期收益。

政策性资金的"助推作用"。如中国农业发展银行将特色小镇建设作为信贷支持的重点领域,开辟办贷绿色通道,对相关项目优先受理、优先审批,提供中长期、低息贷款。

开发性金融资本的"特殊作用"。如前所述,特色小镇具有建设和运营期长的特点,而开发性金融机构可以发挥自身优势,为特色小镇建设提供长期大额资金。

商业金融资本的"促进作用"。各类商业银行应配合地方政府做好引进企业、发展特色产业、征地拆迁等工作,并根据特色小镇的实际需求和建设进度,推出特色信贷融资产品。

二、政策引导金融机构助力特色小镇建设

1. 国家部委和政策性金融机构助力特色小镇建设

《关于加快美丽特色小（城）镇建设的指导意见》明确，鼓励政府利用财政资金撬动社会资金，共同发起设立特色小镇建设基金；鼓励国家开发银行、农业发展银行、农业银行以及其他金融机构加大金融支持力度；鼓励有条件的小城镇通过发行债券等多种方式拓宽融资渠道。

住建部、中国农业发展银行通过《关于推进政策性金融支持小城镇建设的通知》（建村〔2016〕220号），充分阐述了政策性金融在小镇建设中的作用，在支持范围、贷款项目库、项目管理等方面做出了明确的要求。并指出，小城镇是新型城镇化的重要载体，是促进城乡协调发展最直接、最有效的途径。各地要充分认识培育特色小镇和推动小城镇建设工作的重要意义，发挥政策性信贷资金对小城镇建设发展的重要作用，做好中长期政策性贷款的申请和使用工作，不断加大小城镇建设的信贷支持力度，切实利用政策性金融支持，全面推动小城镇建设发展。

《关于实施"千企千镇工程"推进美丽特色小（城）镇建设的通知》中，要求完善支持政策。"千企千镇工

程"的典型地区和企业,可优先享受有关部门关于特色小(城)镇建设的各项支持政策,优先纳入有关部门开展的新型城镇化领域试点示范。国家开发银行、中国光大银行将通过多元化金融产品及模式对典型地区和企业给予融资支持,鼓励引导其他金融机构积极参与。"国家开发银行、中国光大银行各地分行要把特色小(城)镇建设作为推进新型城镇化建设的突破口,对带头实施'千企千镇工程'的企业等市场主体和特色小(城)镇重点帮扶,优先支持。"

作为服务国家战略的开发性金融机构,国开行积极贯彻"创新、协调、绿色、开放、共享"五大发展理念,集中资源、精准发力。支持重大战略、重大项目、重大工程和重点客户。谋划长远,积极探索,主动培育,支持科技创新、智慧城市、高端装备制造、特色小镇、健康养老等新经济新业态新产业。

《关于开发性金融支持特色小(城)镇建设促进脱贫攻坚的意见》中,也指出要坚持规划引导、金融支持。根据各地发展实际,精准定位、规划先行,科学布局特色小(城)镇生产、生活、生态空间。通过配套系统性融资规划,合理配置金融资源,为特色小(城)镇建设提供金融支持,着力增强贫困地区自我发展能力,推动区域持续健康发展。

2017年1月，住建部、国家开发银行联合发布《关于推进开发性金融支持小城镇建设的通知》(建村〔2017〕27号)指出，小城镇建设任务艰巨，资金需求量大，迫切需要综合运用财政、金融政策，引导金融机构加大支持力度。开发性金融支持是推动小城镇建设的重要手段，是落实供给侧结构性改革的重要举措。并指出重点支持内容：

一是支持以农村人口就地城镇化、提升小城镇公共服务水平和提高承载能力为目的的设施建设。主要包括土地及房屋的征收、拆迁和补偿；供水、供气、供热、供电、通讯、道路等基础设施建设；学校、医院、邻里中心、博物馆、体育馆、图书馆等公共服务设施建设；防洪、排涝、消防等各类防灾设施建设。重点支持小城镇污水处理、垃圾处理、水环境治理等设施建设。二是支持促进小城镇产业发展的配套设施建设。主要包括标准厂房、众创空间、产品交易等生产平台建设；展示馆、科技馆、文化交流中心、民俗传承基地等展示平台建设；旅游休闲、商贸物流、人才公寓等服务平台建设以及促进特色产业发展的配套设施建设。三是支持促进小城镇宜居环境塑造和传统文化传承的工程建设。主要包括镇村街巷整治、园林绿地建设等风貌提升工程；田园风光塑造、生态环境修复、湿地保护等生态保护工程；传统街区修缮、传统村落保护、非物质文化遗产活化等文化保护工程。

2. 商业银行政策支持特色小镇建设

2017年4月,住建部发布《住房城乡建设部 中国建设银行关于推进商业金融支持小城镇建设的通知》(建村〔2017〕81号),指出基于当前小城镇建设任务重、项目多、资金缺口大等现状,迫切需要通过商业金融支持特色小镇建设。一是加大信贷支持力度,中国建设银行将统筹安排年度信贷投放总量,加大对小城镇建设的信贷支持力度。对纳入全国小城镇建设项目储备库的推荐项目,予以优先受理、优先评审和优先投放贷款。二是做好综合融资服务,充分发挥中国建设银行集团全牌照优势,帮助小城镇所在县(市)人民政府、参与建设的企业做好融资规划,提供小城镇专项贷款产品。根据小城镇建设投资主体和项目特点,因地制宜提供债券融资、股权投资、基金、信托、融资租赁、保险资金等综合融资服务。三是创新金融服务模式,中国建设银行将在现有政策法规范围内积极开展金融创新。探索开展特许经营权、景区门票收费权、知识产权、碳排放权质押等新型贷款抵质押方式。探索与创业投资基金、股权基金等开展投贷联动,支持创业型企业发展。

住建部与建设银行总行签署了《共同推进小城镇建设战略合作框架协议》，建立部行工作会商制度，为小城镇建设创造良好的政策环境和融资环境。建行公司业务部相关人士表示，基于支持特色小镇建设的政策，建行将推出至少 1000 亿元的意向融资额度。

此次商业金融机构支持特色小镇建设，主要涵盖了从基建投资到具体工程建设再到运营管理三个层面的投融资事项。

3. 地方政府财政金融政策支持特色小镇建设

各地方政府也结合本地情况出台支持政策。例如，福建省《关于开展特色小镇规划建设的指导意见》中明确指出，特色小镇范围内符合条件的项目，将优先支持其向国家开发银行、中国农业发展银行等政策性银行争取长期低息的融资贷款。鼓励特色小镇完善生活污水处理设施和生活垃圾处理收运设施，省级财政给予"以奖代补"资金倾斜支持。

又如，2015 年 10 月，中国人民银行杭州中心支行、浙江省特色小镇规划建设工作联席会议办公室联合下发《关于金融支持浙江省特色小镇建设的指导意见》（杭银发〔2015〕207 号），提出六个重点：

一是拓宽融资渠道，支持特色小镇项目建设。加大对特色小镇项目的信贷支持，支持特色小镇项目发债融资，引导社会资金参与特色小镇建设，加强金融机构与PPP项目的融资对接。二是创新金融产品，助推特色小镇产业发展。发展特色小镇产业链融资，支持特色小镇创业创新，加强特色小镇文化与金融结合，鼓励开展互联网金融创新。三是完善支付体系，提升特色小镇金融服务便利化程度。完善特色小镇支付基础设施，分类推进特色小镇非现金支付业务应用，对以历史经典、旅游、时尚等产业为特色的小镇，重点推动使用银行卡结算，实施支付结算各项便利措施。四是优化网点布局，完善特色小镇金融服务体系。加强特色小镇银行网点建设，推动设立专营机构。五是加强多方合作，支持金融特色小镇做优做强。为特色小镇各类金融产品提供全程配套支付服务，鼓励银行业金融机构与特色小镇的企业投资、风险投资、天使投资等开展合作，实现投贷联动。六是加大政策扶持，优化特色小镇金融生态环境。加强货币政策工具的引导和支持，深化特色小镇信用体系建设，建立并完善农户信用档案和"三信"创建成果的转化机制。

再如，为充分整合现有政策资源，支持特色小镇建设，江苏省《关于培育创建江苏特色小镇的指导意见》明确对特色小镇建设的专项支持政策，创新特色小镇建设投融资机制，激发市场主体活力，推进政府和社会资本合作，鼓励利用财政资金撬动社会资金，共同发起设立特色小镇建设基金。鼓励金融机构加大金融支持力度。支持特色小镇发行企业债券、项目收益债券、专项债券或集合债券用于公用设施项目建设。

第六节 特色小镇建设的投融资方式

概括来说,特色小镇建设融资方式主要有如下几种:PPP融资、政策性或商业性的银行贷款、发行债券、专项基金或产业基金、信托计划、融资租赁、资产证券化等。

一、PPP融资模式

在特色小镇的开发过程中,政府与选定的社会资本签署《PPP合作协议》,按出资比例组建项目公司,并制定公司章程,政府指定实施机构授予项目公司特许经营权,项目公司负责提供特色小镇建设运营一体化服务方案。

PPP合作模式具有强融资属性,金融机构与社会资本在 PPP 项目的合同约定范围内，参与 PPP 的投资运作，最终通过股权转让的方式，在特色小镇建成后，退出股权实现收益。社会资本与金融机构参与 PPP 项目的方式也可以是直接对 PPP 项目提供资金，最后获得资金的收益。

二、产业基金及母基金模式

特色小镇在导入产业时，往往需要产业基金做支撑，这种模式根据融资结构的主导地位分三种类型。

第一种是政府主导，一般由政府（通常是财政部门）发起，政府委托政府出资平台与银行、保险等金融机构以及其他出资人共同出资，合作成立产业基金的母基金，政府作为劣后级出资人，承担主要风险，金融机构与其他出资人作为优先级出资人，杠杆比例一般是 1:4。特色小镇具体项目需金融机构审核，还要经过政府的审批，基金的管理人可以由基金公司（公司制）或 PPP 基金合伙企业（有限合伙制）自任，也可另行委托基金管理人管理基金资产。这种模式下政府对金融机构有稳定的担保。

第二种是金融机构主导，由金融机构联合地方国企成立基金专注于投资特色小镇。一般由金融机构做有限合伙人的优先级，地方国企做有限合伙人的次级，金融机构委派指定的股权投资基金作管理合伙人，也就是基金管理公司。

第三种是由社会企业主导的PPP产业基金。由企业作为重要发起人，多数是大型实业类企业主导，这类模式中基金出资方往往没有政府，资信度和风险承担都在企业身上，但是企业投资项目仍然是政企合作的PPP项目，政府授予企业特许经营权，企业的运营灵活性大。

2016年10月，由中国开发性金融促进会等单位牵头发起的"中国特色小镇投资基金"正式启动。投资基金采取母子基金的结构，母基金总规模为500亿元，未来带动的总投资规模预计将超过5000亿元，主要投资于养生养老、休闲旅游、文化体育、创客空间、特色农业等各类特色小镇。统计显示，2014年以来，中国多地成立了PPP产业基金。如北京市设立了总规模100亿元的小城镇发展基金，引导全市42个重点小城镇打造成旅游休闲、商务会议、园区经济等五类特色小镇。

三、股权投资基金模式

参与特色小镇建设的企业除了上市公司外，还有处于种子期、初创期、发展期、扩展期的企业，对应的股权投资基金基本可分为天使基金、创业投资基金、并购基金、夹层资本等。

除天使和创投之外，并购基金和夹层资本也是很重要的参与者。

并购基金是专注于对目标企业进行并购的基金，其投资手法是，通过收购目标企业股权，获得对目标企业的控制权，然后对其进行一定的重组改造，持有一定时期后再出售。

夹层资本，是指在风险和回报方面，介于优先债权投资（如债券和贷款）和股本投资之间的一种投资资本形式，通常提供形式非常灵活的较长期融资，并能根据特殊需求作出调整。而夹层融资的付款事宜也可以根据公司的现金流状况确定。

四、股权或产品众筹模式

特色小镇运营阶段的创新项目可以用众筹模式获得一定的融资，众筹的标的既可以是股份，也可以是特色小镇的产品或服务，比如特色小镇三日游。众筹具有低门槛、多样性、依靠大众力量、注重创意的特征，是一种向群众募资，以支持发起的个人或组织的行为。股权众筹是指公司出让一定比例的股份，平分成很多份，面向普通投资者，投资者通过出资认购入股公司，获得未来收益。

五、收益信托模式

特色小镇项目公司委托信托公司向社会发行信托计划，募集信托资金，然后统一投资于特定的项目，以项目的运营收益、政府奖补、收费等形成委托人收益。金融机构由于对项目提供资金而获得资金收益。

六、发行债券模式

特色小镇项目公司在满足发行条件的前提下，可以在交易商协会注册后发行项目收益票据，可以在银行间交易市场发行永（可）续票据、中期票据、短期融资债券等债券融资，也可以经国家发改委核准发行企业债和项目收益债，还可以在证券交易所公开或非公开发行公司债。

发行债券是政府和社会资本直接融资的一种有效的金融工具。在近几年出现的PPP项目中，不乏污水处理、垃圾处理、环境治理等领域的债券融资。社会资本本身也存在资金不足的问题（PPP项目投资规模动辄数亿元、数十亿元甚至上百亿元），需要对外融资以完成项目的投资、建设和运营。近年来，国内债券产品不断涌现，债券在提高社会资本投资PPP项目积极性的同时，也加速了项目的落地。同样，特色小镇也具有投资规模大、建设和运营周期长的特点，多数情况下也需要地方政府与社会资本以PPP模式合作，因此，发行债券成为支持社会资本介入特色小镇建设、促进特色小镇加快建设的重要金融工具。

七、贷款模式

利用已有资产进行抵押贷款是最常见的融资模式，但特色小镇项目公司可以努力使得所运营项目成为纳入政府采购目录的项目，则可能以政府采购合同进行信用融资获得项目贷款，而延长贷款期限及可分期、分段还款，则是对现金流稳定的项目有明显利好。如果进入贷款审批"绿色通道"，也能够提升获得贷款的速度。特色小镇专项建设基金是一种长期的贴息贷款，也将成为优秀特色小镇的融资渠道。

八、融资租赁模式

融资租赁是指实质上转移与资产所有权有关的全部或绝大部风险和报酬的租赁，有三种主要方式：①直接融资租赁，可以大幅度缓解特色小镇建设期的资金压力；②设备融资租赁，可以解决购置高成本大型设备的融资难题；③售后回租，即购买"有可预见的稳定收益的设施资产"并回租，这样可以盘活存量资产，改善企业财务状况。

九、资本证券化（ABS）

资产证券化是通过在资本市场和货币市场发行证券筹资的一种直接融资方式，是指以基础资产未来所产生的现金流为偿付支持，通过结构化设计进行信用增级，在此基础上发行资产支持证券的过程。能够被证券化的基础资产必须能够产生持续、稳定的现金流。特色小镇建设涉及大量的基础设施、公用事业建设等，基于中国现行法律框架，资产证券化存在资产权属问题，但其基础资产符合资产证券化的要求。以特色小镇建设内容所涵盖的公共基础设施项目（供水、供暖、供气、污水和垃圾处理、医疗和养老服务设施等）为例，其具备受众面较广、收费机制透明、价格稳定和现金流稳定的特点。

2016年12月，国家发展改革委和证监会发布《关于推进传统基础设施领域政府和社会资本合作（PPP）项目资产证券化相关工作的通知》（发改投资〔2016〕2698号），要求各省级发展改革委推荐拟进行证券化融资的传统基础设施领域PPP项目。2017年3月，中国首批PPP项目资产证券化产品落地，其中包括中信证券-首创股份污水处理PPP项目收费收益权资产支持专项计划（总规模5.3亿元）、华夏幸福固安工业园区新型城镇化PPP项目供热收费收益权资产支持专项计划（总规模7.06亿元），所属领域都与特色小镇建设密切相关。可以预见，未来随着中国资产证券化政策的日益成熟，此种金融工具将在特色小镇建设领域发挥重要的作用。

十、供应链融资模式

供应链融资是把供应链上的核心企业及相关的上下游配套企业作为一个整体，根据供应链中企业的交易关系和行业特点制定基于货权及现金流控制的整体金融解决方案的一种融资模式。

供应链融资解决了上下游企业融资难、担保难的问题，而且通过打通上下游融资瓶颈，还可以降低供应链条融资成本，提高核心企业及配套企业的竞争力。

在特色小镇融资中，可以运用供应链融资模式的主要是应收账款质押、核心企业担保、票据融资、保理业务等。

实际操作中，上述十种融资模式往往是前两种为主，可根据小镇建设不同阶段和产业发展不同阶段，结合其他融资模式组合使用。

第七章

物联网打造智慧特色小镇

第一节　特色小镇智慧化建设方案

　　互联网与物联网显然是接下来城市管理改造升级的趋势与方向，而作为特色小镇的建设，其中很重要的一个版块就是智能化、互联网化的融入。同时，智能化特色小镇从架构上而言比智慧社区要复杂、庞大、综合，更像是一个缩小版的智慧城市，是整个智慧城市中非常重要的一个元素。尽管从目前特色小镇的评选规则上来看，没有明确设定智慧小镇管理这一评分项，但可以预见特色小镇的智慧化以及与智能城市管理的对接与融入将会成为一个附加加分的项目，或许在不久的将来被修订到评选规则中。中国数百个智慧城市试点项目的规划和实施，推动了整个智能产业的快速发展，包括智慧城市、智能社区、智能家居三大体系，而随着特色小镇的建设，将很快会形成智慧小镇这一新的体系，并成为智慧城市的一个核心模块。

　　智慧小镇是管理的一种新理念，是新形势下社会管理创新的一种新模式。智慧小镇是指充分利用物联网、云计算、移动互联网等新一代信息技术的集成应用，为小镇范围内的从业、居住、生活、旅游等人员提供一个安全、舒适、便利的现代化、智慧化生活环境，从而形成基于信息化、智能化社会管理与服务的一种新的管理形态的小镇。

一、特色小镇的基础管理模式

　　在智慧特色小镇的构建与发展中，如何有效构建基于互联网、"物联网+"的大数据收集、挖掘、分析、整合、控制、管理、决策、反馈，将支撑着特色小镇的业务体系、管理体系和商业模式的实现路径。随着移动互联网技术的普及，以智能终端为载体的行为方式正在改变着大部分人的生活方式。随着社会经济发展，云计算、大数据、人工智能、物联网的到来，人们的生活正在悄然地发生着巨大的变化。人们对工作、学习、生活、居住环境的关注，已经不再局限于基础的衣食住行层面，开始关注到体验，关注到心理与精神层面的融合，把更多的兴趣和注意力放在与外界沟通、通信服务、安全防范、信息决策、智能服务等方面。因此，智慧特色小镇的管理模式将成为特色小镇管理体系搭建的核心基础，是决定着智慧城市发展的一个重要单元。

从目前的情况来看，智慧特色小镇的应用主要包括以下9个方面。

（1）智慧办公管理：主要包括智能前台管理、移动办公管理、会议管理、企业信息化、智慧健康管理、工作任务管理、教育培训管理、超级秘书服务等智能化的管理系统，可以构建一个高效率、不受时间空间局限的协同工作环境。

（2）智慧物业管理：针对智慧化特色小镇的特点，将产业、商业、生活三区的物业管理进行有效的统一与区隔，如停车场管理、闭路监控管理、门禁系统、智能消费、电梯管理、快递管理、缴费管理、环境管理、安保管理、远程抄表，自动喷淋等相关社区物业的智能化管理，实现产业、商业、生活三区各独立应用子系统的融合，进行集中运营管理。

（3）电子商务服务：特色小镇电子商务服务主要是指在小镇范围内所构建的商业贸易活动中，实现消费者的在线购物、商户之间的网上交易和在线电子支付及各种商务活动、交易活动、金融活动和相关的综合服务活动，社区居民无须出门即可无阻碍地完成绝大部分生活必需品的采购,为小镇居民构建一个在小镇范围内无实体货币的生活形态。

(4)电子政务服务:电子政务在特色小镇中属于比较重要的环节,是需要与当地政府有关职能部门进行系统有效对接的一个政府服务系统。总的来说就是将政府与小镇范围内产业、商业、居住人群有关的相关部门的网上服务系统进行有效整合,接入小镇统一的电子政务系统,方便、服务小镇相关人员,如审批上传系统、新闻发布系统、服务管理系统、政策法规发布系统、用户服务和管理系统、人事及档案管理系统、福利及住房公积金管理系统、出入境系统等。

(5)智慧旅游管理:智慧旅游,就是利用移动云计算、互联网等新技术,借助便携的终端上网设备,让游客主动感知旅游相关信息并及时安排和调整旅游计划。主要由三大核心功能组成,即"旅游服务""旅游管理"和"旅游营销"。智慧旅游是站在游客角度,通过信息技术提升旅游体验和旅游品质,帮助游客在旅游信息获取、旅游计划决策、旅游产品预订支付、享受旅游和回顾评价旅游的整个过程中都能感受到智慧旅游带来的全新服务体验。主要功能包括资讯、线路、景区、导航、休闲、餐饮、购物、交通、酒店等,集合了最新的旅游信息、景区介绍和活动信息、自驾游线路、商家促销活动、小镇体验活动时间表等信息。

（6）智慧家居管理：主要是针对特色小镇所配套的居住板块，是以住宅为平台，兼备建筑、网络通信、信息家电、设备自动化，集系统、结构、服务、管理为一体的高效、舒适、安全、便利、环保的智能化居住环境。通过物联网技术将家中的各种设备（如音视频设备、照明系统、窗帘控制、空调控制、安防系统、数字影院系统、影音服务器、网络家电等）连接到一起，提供家电控制、照明控制、电话远程控制、室内外遥控、防盗报警、环境监测、暖通控制、红外转发及可编程定时控制等多种功能和手段，并与小镇的整体智慧系统进行融合管理。

（7）信息交流管理：主要是针对小镇范围内从事产业、商业、居住、旅游等各种业态的人群提供的日常信息交流平台。信息交流服务的目的在于创造更加丰富有意义的小镇生活，提高居民对于小镇生活的参与度，提升居民的归属感，营造温馨和谐的小镇环境。通过该服务，居民不仅可以在线上讨论、分享心得、提出建议，还能在线下组织文娱活动，参与小镇共建和邻里互动、参与志愿活动等。

（8）医疗卫生管理：小镇医疗卫生包括小镇范围内所配置的医疗卫生站，提供必要的医疗保健，对小镇居民的健康档案进行管理，提醒居民定期体检，对于有需要的居民提供家庭护理和上门救助。同时系统还将与周边的医院对接，提供网上预约就诊等服务。

（9）家政服务管理：小镇家政服务包括保姆、小时工、月嫂以及送洗服务、水果、餐饮、农贸市场配送和维修等服务，为小镇的工作与居住人员的孩子提供教育辅导、开设兴趣班等。

二、智慧特色小镇的七大基础技术

智慧特色小镇总体来说，就是充分借助互联网、物联网，涉及数字可视对讲、商业服务、办公服务、居住服务、物业服务、医疗服务、教育服务、商业服务、文化服务、警务管理等社区领域，我们将这些领域资源整合，构建一个小镇3千米生活圈服务体系，是对接新一轮科技创新革命和信息产业浪潮的重要表现形式。智慧小镇的基础技术包括基础环境、基础数据库群、云交换平台、应用及服务体系、智能家居系统、运营服务系统、安全保障体系七个方面。

（1）基础环境：基础层主要包括全部硬件环境，如小镇范围内安装的传感器、通信的网络硬件，如宽带、光纤，还有用于视频监控的摄像头，定位的定位器。

（2）基础数据库群：基础数据库包括业务数据库、传感信息数据库、日志数据库和交换数据库四大数据库。

（3）云交换平台：云交换平台主要实现各种异构网络的数据交换和计算。提供软件接口平台或计算服务，或者作为服务器为数据处理提供支持。

（4）应用及其服务体系：应用服务体系包括个人信息管理系统、日志管理系统、应急呼叫系统、视频监控系统、广播系统、智能感应系统、门禁系统、远程服务系统等，由这些系统为小镇的各类人群提供直接服务。

（5）智能家居系统：智能家居是利用先进的计算机技术、网络通信技术、综合布线技术依照人体工程学原理，融合个性需求，将与小镇工作、生活有关的各个子系统，如安防、灯光控制、窗帘控制、煤气阀控制、智能家电、场景联动、地板采暖、供水供电等有机地结合在一起，通过网络化智能控制和管理。

（6）运营服务系统：主要是为小镇范围内的商业活动提供支持，将小镇范围内的各种从事商业活动的个体与用户连接起来，为用户提供简单、便捷、高效的服务。

（7）安全保障体系：保障体系包括安全保障体系、标准规范体系和管理保障体系三个方面，从技术安全，运行安全和管理安全三方面构建安全防范体系，确实保护基础平台及各个应用系统的可用性、机密性、完整性、抗抵赖性、可审计性和可控性，确保小镇信息数据在安全的情况下有效使用。

三、特色小镇智慧化建设的主要内容

（1）加强综合管理平台建设。在智慧城市及智慧小镇的创建中，不论是政府所搭建的智慧城市，还是企业主体所搭建的智慧小镇都应将工作重点放在平台架构的搭建上，尤其对于特色小镇的智慧化而言，除了平台的架构搭建以外，还需要根据产业特色与产业人群特色来规划相应的智慧化功能。APP 应用模式的创新应强调社会化，通过开放的平台来促进应用开发，增强平台的兼容性、开放性，并将小镇内的各个智慧化系统模块整合到小镇统一的平台上进行集中管理。

（2）以使用性功能需求为主导。特色小镇的智慧化管理的核心在于使用性，服务于小镇范围内的人、事、物管理，并通过智慧化管理来降低小镇的运营管理成本。因此，小镇智慧化的建立应该满足七个方面：一是服务提供的惠民化；二是服务的傻瓜化，使用功能要简单；三是功能的社交化，小镇系统应考虑到招商引资和产业孵化等问题；四是生态链的分布化，即不同的企业、商业模式形成的生态可以分布式地进行，从而降低边际成

本；五是数据的开放化，即在一个局部封闭的区域里实现数据价值；六是金融的普惠化，通过社区金融的普惠，增加小镇居民的可享受服务；七是政府的政策支持，因为特色小镇的智慧化建设是一个新的事物，是一项新的技术，是一项长期的建设工作，需要在日常的使用中不断优化、完善，因此投入的资金相对比较大，需要政府在政策层面给予支持。

（3）加强数据安全建设。目前的数据安全威胁常见的是黑客入侵，具体来说，包括非法侵入物联网设备进行远程控制、获取数据、窃听谈话等。路由器是首要防线，不管是家庭还是社区，黑客主要是通过破解路由器的密码进入社区和家庭的内部，从而获取数据，所以提升路由器的安全等级非常重要；增加居民的安全意识同样非常重要，增强安全性的基本操作包括修改用户名和密码，限制 SSID 广播或是绑定登录设备 IP，无线信号需要加密，尽量使用 WPA2 标准。我们已经可以看到，一些杀毒软件厂商也开始推出新的服务来改善这个现象。比如一款可接入路由器、实时监测发送和接收数据的安全设备，能够阻挡绝大部分的网络攻击。另外还有一些主打安全性的无线路由产品，通过更强的加密形式或是云技术，识别和阻挡黑客的入侵。对于特色小镇而言，由于其集聚的产业基本围绕着国家新兴战略，其数据安全将成为智慧化建设的重中之重。

互联网与物联网时代改变的不仅仅是技术,还有我们的生活方式。智慧特色小镇的建设不仅需要互联网与物联网技术的支持,还需要云平台、大数据的支持,在未来更离不开人工智能的支持,它将给人们带来前所未有的生活便利体验。虽然目前智慧特色小镇对于大部分人而言还是一个相对陌生的模式,在建设中还存在很多问题,但它是一种不可阻挡的趋势。

第二节 特色小镇智慧化平台解决方案

目前,"互联网+大数据"得到了党中央和国务院的高度重视,迎来了历史性的发展机遇。医疗、健康、交通、旅游、购物等多方面的大数据系统集成,正在改变着人们的生活方式和习惯。基于这一趋势,建设特色小镇系统平台,以智慧小镇的管理与服务模式为目标将成为特色小镇发展的总体走向。特色小(城)镇与互联网的融合发展,应以互联网技术与产业融合,打造集产业链、投资链、创新链、服务链于一体的创业创新生态系统为中心,引领互联网经济快速发展,提升互联网创新能力,推动互联网产业形成集聚规模;以特色产业为依托,推进互联网与特色产业深度融合,培育互联网新模式、新应用、新业态,促进特色产业提质增效和转型升级,加快互联网在经济社会中的广泛应用。目前来说,特色小镇"互联网+"平台的功能包含管理后台、小镇智能办公系统、小镇旅游服务系统、平台电子商务系统、积分系统、旅游社交平台、个人中心六个方面。

第八章

特色小镇创建与申报流程

第一节　特色小镇的发展方向

作为盘活区域经济的新模式以及产业集聚、人才集聚之地，承担疏散城市功能的特色小镇最重要的是解决"人"的问题，即"分散人、吸引人、留住人"。概括起来其核心功能主要有以下三点。

（1）发展产业：产业是特色小镇的核心载体，其中的产业并非传统园区所承担的产业，而是以符合国家发展战略的新型产业为主。从第一批公布的特色小镇来看，主要集中在特色小城镇的概念上，基本以建制镇为主，其中还有部分旅游景区模式的特色小镇。不论是从当下还是未来，从国外还是国内来看，旅游主体的特色小镇占整个特色小镇的比重并不高，关键是以产业集聚为核心的特色小镇。中国特色小镇的发展也需摆脱以休闲旅游为主的发展模式，要扎扎实实发展产业，做强做深产业链。产业是小镇的生命力，是小镇的灵魂，是特色小镇的发展基础，也是导入人才、留住人才的关键，没有产业的小镇不能称之为特色小镇。一旦小镇的产业做活，那么随之而来的人才聚集、旅游客群、房地产开发等配套设施与产业都将会水到渠成。关键是能盘活与带动区域土地的增值，破解城乡二元结构。

（2）做好基础设施建设：人才对居住环境的需求是多元化的，有的人喜欢居住在繁华的大都市，有的人则喜欢安逸宁静、风光宜人同时生活也足够便利的小镇。而如何将人才导入到特色小镇，并将人才留在特色小镇安居乐业，这是目前摆在特色小镇面前的一个难点，需要政府共同规划，在特色小镇的3平方千米范围内完善好交通、环境、生活等配套服务。这也是目前疏导大城市人口"拥堵"问题的可行方式以及破解当前大城市房价偏高问题的一大民生工程，也是经济水平和城镇化发展到一定程度之后的必然结果。中国特色小镇目前的开发需完善自身基础配套，其中包括道路、交通等硬件基础建设和环境、景观等软性基础建设。

（3）建设生活配套设施：为什么现在大家在饱受大城市病之困时，依然不断涌入大城市？其中最关键的原因就在于生活配套资源分配严重失衡，比如三甲医院在上海、北京这类城市到处都是，但到了三四线城市就相对匮乏，教育资源也是如此。可以说我们生活相关的配套资源很大一部分都集中在大型城市，因此特色小镇的建设除了产业集聚之外，还有一项非常重要的建设规划就是在留住人的层面上。要想解决留住人这个问题，就必须解决生活配套的问题，引进或建设相关的生活配套服务机构，包括医疗、教育、养老、购物等，将特色小镇打造成能够留住人才的产城人文相融合的生活型小镇。

　　未来特色小镇的发展方向一定是以产业为核，生活为主，旅游为辅，配套丰富，资源集聚，自生自长，具有自循环功能的生活型小镇，说到底特色小镇的最终功能不是承载产业或者旅游等，最终是为了解决这一群"人"的问题，特色小镇的终极目标就是为了疏解大城市的非核心功能以及进一步推进城镇化进程。

第二节　特色小镇的规划与申报

　　自 2016 年以来，中央有关部门就推进特色小镇发展部署了一系列举措，内容涵盖打造、培育、建设、政策、资金等方面内容；各地也纷纷出台政策推动特色小镇建设。这次特色小镇的建设热潮一方面反映出小城镇在目前新型城镇化发展中的重要作用；另外一方面也反映出了大家对于破解大城市病的期待。特色小镇位于城和乡之间，或大城市的边缘地带，是城乡之间的纽带，建设特色小镇将成为推进新型城镇化战略的突破口，成为走新型城镇化道路的带动力量。

　　以浙江等地的特色小镇为代表，其发展充满活力，其经验说明特色发展将是未来中国大多数特色小镇的主要发展方向。面对这股热潮，我们应聚焦如何科学培育和创建特色小镇。而精心申报、科学创建、探索特色小镇规划是其中的关键。

一、精心申报特色小镇

1. 遴选的基本条件

一是产业有优势。特色小镇应该是推动产业集聚、创新和升级的新平台，是下一步国家新兴战略性产业国际竞争力的关键载体。培育特色小镇要求具备一定的产业基础或产业资源，产业定位科学精准，在产业规模、市场份额和特色方面要具有明显的优势，能够发挥产业的集聚效应和叠加效应。同时能够吸纳就业，带来长足发展。

二是风貌有特色。特色小镇应该是融合风貌、文化、旅游等要素特色发展的新载体。对一些嫁接在当地人文特色上的小镇，要注重对地域文化的挖掘与传承，将文化元素植入小镇风貌建设的各个方面，指引建筑、街区、空间、环境等多维度的风貌建设，形成具有文化底蕴的特色风貌，增强文化认同感，同时促进特色旅游发展；对于一些以产业特色为核心的特色小镇，比如IT、物联网、航空等小镇，则需要借助于对其产业特色元素的挖掘与提炼，将这些产业元素融入小镇的建筑风貌中，形成产业特色的旅游景区功能。

三是发展有成效。特色小镇应该是创新发展的引擎和有示范作用的排头兵，是破解城镇化发展问题与大城市病的双通道。因此，特色小镇在规划论证期必须要充分，其所选择的产业必须是能快速落地并产生与形成经济效益的产业资源，才能辐射3平方千米的小镇，成为带动自身及周边地区发展的引擎，同时在发展路径、发展模式上能成为条件相似的小城镇发展的范例。

四是动力有保障。特色小镇应该是发挥市场主体作用和吸纳社会资本投资的新热土，是政府有效借用社会资本为杠杆撬动区域经济发展的一次新机会。培育特色小镇要选择具有一定产业资源与经济基础的合作方，处理好政府与市场的关系，充分发挥市场主体作用。政府重在搭建平台、提供服务，政府为企业创业提供条件，做好规划与相关的基础配套设施的建设以及相关的政策配套方面要有专门的办法，在提升社会投资效率、推动经济转型升级方面发挥更重要的作用。

2. 申报的主要内容及评选要点

特色小镇的申报和遴选将严格按照"产业形态、宜居环境、传统文化、设施服务、体制机制"这五个方面及相关要点遴选和考评。

一是特色鲜明的产业形态。主导产业定位应符合国家产业政策要求，符合国家发改委公布的产业范围目录，有独特性，注重采用新技术手段和推动传统产业改造升级。产业优势明显，产业聚集性与协同性较高，利润率和装备水平有优势，注重研发投入。产业环境优良，有支持特色产业发展的鼓励政策。产业增长势头良好且经济社会带动作用明显。产业要有基础、有依托，产业选择不可"空穴来风"；产业类型能完善小镇功能，拉动小镇发展，能兼顾与促进区域原有产业的发展，提升品质。

二是和谐宜居的美丽环境。小镇风貌要和谐统一，能有效彰显小镇特色文化内涵，整个特色小镇的3平方千米需要与核心区的1平方千米相互协同，整体风貌有机互动。新建建筑体量适宜，形式与传统建筑风貌相协调，能较好地表现本地区的建筑文化特色或是小镇特色产业的特色元素。沿街建筑的体量、色彩、材质、符号、细部协调统一，特色小镇周边美丽乡村建设要保留乡土特色和田园风光。注重自然山水，避免人工打造，景观需要借力当地自然留存的特色，并与海绵城市协同。尤其对于一些以旅游人文为核心载体的特色小镇，其风貌要突出地域、民族、时代的特征，注重地域材质、符号的应用，避免欧式，尊重地域文化，借助文化的挖掘与塑造产生共鸣。

三是彰显特色的文化。传承独特的民俗活动、特色餐饮、民间技艺、民间戏曲等传统文化类型。保护好文保单位、历史街区、传统建筑挂牌等物质文化遗存。政府支持传承人及非遗文化活动的持续开展。文化传播具有独特地域文化特质，宣传途径多样。特色小镇要有文化、有内涵，对于国家新兴产业方面的特色小镇，重点在于提炼产业特色元素，通过这些元素塑造出产业文化，并能沉淀为一种特色文化。要注重保护历史、传统文化以及与产业文化的有效融合，提升完善小镇精神，形成小镇的文化认同。

四是便捷完善的设施服务，小镇对外交通路面等级在二级以上，且情况良好，最好能与城市的轨道交通连接。道路设施及绿化配置完善。公用设施建设水平较高，给水管网全覆盖，且符合国家相关标准。镇区污水管网全覆盖，且污水处理设施完善。小镇内要有相关的幼儿园、小学、医疗机构等资源的配套，并要达到国家相关规范要求。商业配套活动与设施，以及居住配套都需有机结合，形成一个自循环的工作、生活生态圈。公共服务设施建设应是市场与政府相结合，相得益彰，共建共享。基础设施建设要完善、要适用，要遵循节约、合理的理念；污水、垃圾处理做到科学合理，保护特色小镇赖以发展的环境。

五是充满活力的体制机制。不论是小镇的建设，还是政府相关管理服务模式以及相关的配套政策、制度都需要有创新的发展理念,一切以成功打造特色小镇为核心。建设管理方面实现多规协调,设有专门的规划管理机构,制度健全,能实现规划管理数字化,小镇管理智能化。在机构人员、购买服务、财政收支、人才引入、土地挂牌、建设补贴等方面要有突破性创新。

二、创建特色小镇十大要点

（1）区别对待东、中、西部不同地区的发展重点：中国东、中、西部地区条件各不相同,产业基础、人口密度、产业特性等都存在着比较大的差异,尤其对于一些少数民族为主的区域,其特色小镇的打造就会偏文旅方向。东部地区由于本身的产业基础比较强,具备了不同程度的产业集聚效应,第一批特色小镇中很大一部分就是东部地区的特色小城镇。因此,针对东、中、西部地区的这种差异,特色小镇建设必须因地制宜地明确不同的培育重点和方向,尤其在选址方面要结合区域经济的发展规划来布局特色小镇。各省、市也要根据不同的情况,科学确定特色小镇的产业规划与发展重点,尽可能地避免产业重复与浪费。尤其对于东部地区而言,重点要放在控制规模上,提升存量,防止大拆大建。如浙江经验是核心区建设控制在 1 平方千米,规划范围控制在 3 平方千米；中部地区则重点放在找准产业方向，明确市场定位，找准发展动力上；西部地区其重点则要放在发展特色乡镇，宜农则农、宜商则商、宜游则游，挖掘当地生态、人文为重点的特色小镇建设上。

（2）精心策划、找准定位：根据区域自身的产业基础和规划，抓准特色，精心策划，明确特色小镇的发展定位，尽可能地与区域已有产业形成协同效应。在特色小镇的附加价值层面，要基于小镇的自然、生态、文化、景观、民俗等资源，对这些资源进行充分挖掘，去粗取精，找到特质并进行放大。如古北水镇是在本身有司马台古长城等优势旅游资源基础上，打造成为京郊最具北方特色的度假小镇，特色鲜明。聚焦优势产业、独特文化内涵和环境特色等因素，立足自身优势强化突出特色。

3. 在现状产业基础上提升和发展：特色小镇并不是凭空打造出来的，是需要嫁接在当地的产业基础上发展起来的一种新模式。在区位现有产业资源的基础上再协同发展产业，不主张凭空创造和引进新的产业。借助于特色小镇的打造，通过人口导入增强人气与资源集聚优势，拉动、促进小镇产业发展，完善产业结构，升级产业体系；延长产业链，构建合理的产业集群，打造竞争优势，扩大产业影响力，提升产业竞争力。

（4）严控建设规模：规模一定要小，小才能精，小才能美。特色小镇建设要走精品路线，避免建设规模过大，反对粗放式、快速式、一窝蜂地建设。建设规模根据浙江经验，规划3平方千米，核心区建设控制在1平方千米。建设应遵循紧凑布局和集约节约建设用地的原则，避免摊大饼式建设或脱离现有产业分布人为划定建设区，根据自身资源和产业基础及其分布情况尽可能连片提升和完善现有建设区。在建设上倡导分期建设，反对一次性建一个成一个，要有高标准和长远性，可根据产业发展的实际情况，放慢建设速度但要保证质量，并要保证小镇最终落成的统一性。

（5）打造地域特色的宜居环境：特色小镇正因为依托于产业载体，必然在小镇范围内聚集一批产业人才，这些人员由于对产业的偏好，必然会对小镇的人文特色有独特的需求。因此，在配套的商住建设层面，一方面需要结合与借力当地的人文景观特色；另外一方面需要提炼产业文化元素，将两者有机结合。要注重整体格局和风貌的打造，格局自然，风貌整体和谐统一，体现特色。景观多用自然，注重小品景观打造。因地制宜，反对国际式和徽派的泛滥，不提倡没有产业特色文化沉淀的特色小镇。同时反对整体格局、建筑风貌完全复制国外小镇。尊重本地建筑文化，发扬特色，找到文化自信。

（6）传承重塑小镇文化：文化是特色小镇的"内核"，

需深入挖掘和精心打造。每个特色小镇需要拥有与建立一个独特的 IP，并形成一个可持续延展的特色品牌。对历史文化丰厚的小镇，注重保护历史、传统文化，做好传承、挖掘文化要充分，形成小镇的文化认同。对于文化资源匮乏或是新建的小镇，注重文化培育和打造，在现有建设的基础上发展，重点围绕产业文化进行挖掘，逐步形成自身文化特色。

（7）聚集人气和活力，防止"鬼镇"现象：特色小镇要注重人气和活力，在产业与资源选择上要充分评估人口导入能力，要聚集一定的人口，给小镇带来持续的发展动力，避免建设"鬼镇"。不论是从小镇的工作、旅游、休闲，还是消费、商业、娱乐等方面的活动，都需要站在集聚人气的层面考虑，既要考虑季节性，也要考虑每天 24 小时的时间生活轴，让特色小镇成为一个活力四射的新载体。

（8）打造宜游宜产的旅游环境：充分挖掘旅游主题与题材，要将小镇的特色产业转换为一种特色的产业科普文化基地与体验基地。尽管旅游并不是特色小镇开发的核心目的，却是其附加价值提升与创造的一个关键要素。要尽可能地在规划初期将主题式体验旅游的要素融合进去，通过建筑设计表达出来。盘活小镇的旅游将对整个特色小镇的活力与经济带来强大的支撑作用，旅游所产生的品牌影响将为小镇的可持续发展提供动力。

（9）提升和共享服务水平：特色小镇的公共服务设施、基础设施建设除了满足小镇日常的基础生产、生活需求以外，还应做好四个服务。①服务社会事业。设施建设要与区域结合，共建共享，建设完善的服务体系，推动特色小镇可持续发展。②服务经济发展。建立完善与经济社会发展相适应的服务体系，提升综合承载能力，成为整合资源、集聚创新、特色产业的"新载体"。③服务周边居民。统筹布局、互联互通，完善补足城乡服务设施体系，促进服务设施向周边延伸。④服务公共需求。特色小镇一旦形成特色化与规模化，必然会吸引大量的人群，包括各种组织的考察与交流，此时需要相应的公共平台服务来承接，同时做好小镇的分享、宣传与推广工作。

（10）构建小镇的智慧城市体系：借助于互联网、物联网等新兴产业技术，在小镇的信息化与管理方面需要与智慧城市兼容。在小镇的产业区、商业区、居住区、休闲体验区，包括内部道路交通等方面，都需要依托物联网与互联网技术，打造一个智慧、节约、绿色、低碳的新业态，不仅是一个具有产业特色的小镇，同时更是一个"智慧"小镇。

三、创新特色小镇规划

特色小镇规划不是简单的产业新城或产业园区规划,特色小镇规划也不能单一地照搬城市规划,而是以特色为导向的各种元素高度关联的综合性规划,是一种多规合一的规划,重点需要关注以下三方面。

(1)特色小镇规划体系和主要内容:"一个定位策划+五个要求+两个提升+一个空间优化落地"的规划体系。

"一个定位策划"是特色小镇的核心载体,即找准特色小镇核心的产业,明确特色小镇发展思路和重点;

五个要求:"产业、宜居、文旅、设施服务、体制机制"五个方面的专项规划和实施方案,保障特色小镇发展;

两个提升:旅游和智慧体系两个提升规划,在规划初期就要导入,并系统提升建设规划方案;

一个空间优化落地:最终通过一个空间优化落地规划落实所有规划设想,并明确实施步骤。

(2)特色小镇规划重点:特色小镇规划是以特色为导向的各种元素高度关联的综合性规划。不是单一的城乡规划,也不是单一的园区或景区规划,而是多种要素融合的规划,包括产业、商业、生活、人文、旅游、休闲、交通、环境等。因此,在规划初期就必须坚持规划先行、多元融合，突出规划的前瞻性和协调性，统筹考虑人口分布、生产力布局、国土空间利用和生态环境保护。并坚持以特色为导向，结合自身的产业特色以及区域的产业优势，形成有效互补，有机互动，其中包括城市道路规划等方面问题。因此，特色小镇的规划内容不是简单的多种规划叠加，而是高度融合。

（3）特色小镇规划方法：特色小镇对于中国而言是种新的规划模式，而且是多种规划叠加合一的模式。从内容上看，除了常规的空间规划内容，还包括产业规划、社区规划、旅游规划、商业规划、交通规划等，满足产业规划的同时，还需要突出生态、文旅等功能。除此之外，特色小镇在规划上还需要考虑城乡统筹、海绵城市等城市的主体规划要素。因此，特色小镇规划必须坚持多规融合，突出规划的前瞻性和协调性。推进产业、空间、设施等方面协调有序发展，引导项目与产业落地。特色小镇规划的重点应在详细规划和城市设计上，确保规划的综合性和实用性。

特色小镇是中国经济转型发展过程中的一种新模式，尽管在当前缺乏成熟的经验，但从未来来看，特色小镇在国民经济中将具有举足轻重的地位，是一个国家产业竞争力与生活形态的重要载体形式。

以下是特色小镇一般创建流程：

特色小镇一般创建流程

第一步：自愿申报

1. 创建方案（区域范围、产业定位、投资主体、投资规模、建设计划）

2. 概念性规划

第二步：分批审核

1. 初审（省/市主管部门提出初审意见）

2. 会议审查（省/市主管部门会议审查）

3. 审定公布（省政府审定后分批公布创建名单）

第三步：年度考核

1. 制定《省/市特色小城镇考核细则》

2. 兑现扶持政策《考核合格》

3. 考核结果公布（考核结果纳入目标考核体系并在省/市级主流媒体公布）

4. 退出机制（连续两年未完成年度目标考核任务的特色小镇）

第四步：考核验收

1. 制定《省/市特色小城镇创建导则》

2. 组织验收（省/市主管部门）

3. 认定为省/市级特色小城镇（通过验收）

第三节　特色小镇的评估

一、特色小镇评估体系的四个维度

从特色小镇的内涵出发，将其发展水平评估体系分为四个维度，分别为产业维度、功能维度、形态维度和制度维度；将发展理念和内涵进行交叉构建，得到评估框架。

1. 产业维度

特色小镇的产业应具有一定的创新性和特色性，并且能和周边产业或者自身形成一定长度的产业链，发展绿色低碳型产业，产业的经济开放性和生产效率较高。

2. 功能维度

特色小镇的功能应具有一定的集聚度及和谐度，经济、社会和生态等各功能之间协调发展，功能结构合理，公共服务功能均等化程度较高。

3. 形态维度

特色小镇就是要全面体现"特色"，除了特色产业以外，在空间上也要体现明显的特色，建筑、开放空间、街道、绿化景观和整体环境都要体现相应的特色，具有较为统一和鲜明的风貌特征，城乡空间形态和环境质量协调发展，投资的空间环境品质较好。

4. 制度维度

特色小镇在一定意义上也是一个特殊政策区，应围绕特色小镇的发展目标，建立起与其发展相适应，设计能激励相应产业、资金和人才进驻的制度以及保障特色小镇可持续发展的环境治理和收益共享的机制。

二、特色小镇发展水平评估指标的选取与体系建构

特色小镇发展水平评估指标体系是综合运用城乡规划学、城市经济学、产业经济学、环境科学、生态学、公共政策理论和系统科学等基础理论，通过数据统计的分析方法，进而反映特色小镇发展综合水平的一整套指标体系。特色小镇发展水平评估指标体系应准确体现特

色小镇的特点，形成一个有机的评估系统，在选取评价指标时应遵循下列原则。

1. 典型代表性原则

从各维度选取的指标应为特色小镇评价目标服务，立足于特色小镇的本质内涵，能够全面科学地反映出特色小镇的综合发展水平。

2. 系统全面性原则

所选取的指标应涵盖经济发展、社会公平和生态环境等各个维度，不应片面强调经济效益和规模，还应注重环境风貌和生态可持续发展等。

3. 相对独立性原则

指标的选取应相对独立且不相关，不能互为解释，从而确保最终评价结果的全面性和科学性。

4. 共性和个性相结合原则

评价体系既包含共性指标，具有可比性，便于指标比较，又包括个性（特色）指标，可以反映"特色"建设进展和成效。

5. 可操作性原则

所选取的指标应数据明确，且有一致的统计口径，可较为简便地获取，同时也可以量化和对比。

6. 动态适应性原则

由于特色小镇因时因地而不同，所选取的指标在指标维度、指标权重和具体指标选择等方面都应具有动态性，以期能根据新的发展形势和背景进行适应性调整。

7. 以人为核心原则

整个指标体系最终虽然是定量的综合评分，但在具体指标设计中，应同时考虑主客观相结合的模式，将特色小镇的使用者、经营者、管理者和旅游者等微观主体的主观感受和体验也纳入指标体系中。指标筛选先经过专家咨询进行推荐，在每个维度选取具有典型性的指标，对特色小镇的产业、功能、形态和制度的相应规模、结构、状态与效率等动态趋势进行科学评价和综合评估，全面反映特色小镇各子维度和综合发展水平。在选择具体指标时，超过 50% 的专家认为该指标不重要，则淘汰该指标；统一归并相关性强的指标或者选择相对容易获取的指标；根据三轮专家咨询后的综合结果，采纳 80% 以上的专家认同的指标，形成最后的指标体系。可以将指标体系分为特色小镇基本信息、发展绩效和特色水平三部分，形成"1+4+N"的指标结构，分别从总体、分项和特色三个视角对特色小镇的发展水平进行评估，其中基本信息部分的指标具有动态性，会随着发展阶段的推进而不断进行适应性调整和更新。

（1）基本信息指标主要是统计特色小镇的建设、投资和规划进展。该部分指标主要测量特色小镇的总体发展情况，特别要说明的是该部分指标会随着特色小镇建设进程的推进而动态变化：前期更多侧重建设、规划等未全面投入使用阶段的评估；后期则更侧重对总体投资总强度和产出总规模等运营效益方面的评估。此外，特色小镇作为城市或城镇转型升级的特殊平台，后期在区域层面也应该和现有城镇区融合发展，因此在发展后期，总体指标部分还会增加关于区域融合度和关联度等方面的指标。

（2）发展绩效指标主要是反映特色小镇在产业、功能、形态和制度四个子维度上的发展效率与成绩，这四方面紧扣特色小镇的发展导向和概念内涵，既突出了特色小镇作为高端产业，特别是服务业集聚发展平台的特点，又表现出了其作为景区和产城融合区的新空间模式的特点。

（3）特色水平指标主要考虑特色小镇主导产业的差异，特色产业从装备制造到历史经典产业，具有完全不同的发展路径，应该根据特色产业的划分分别确定不同产业相应的评价指标。虽然是不同产业，但在评估时也需要对其进行横向比较，在此则侧重比较特色的鲜明性、成长性和结构性等共性特点。

第四节　特色小城镇的五大核心指标

一、特色小城镇认定标准的特点

1. 以评"特色"为主，评"优秀"为辅

以往的小城镇系列评选以"评优秀"为主，如全国重点镇，标准制定的基本思路是依据其优秀水平设定不同的评分等级。而特色本身是一个多样化的名词，不同的镇有自身不同的特色，如何用一个标准体系评判不同镇的不同特色是标准制定的难点。

特色小城镇的标准制定，是在"优秀"的基础之上，挖掘其"特色"因素。因此，标准制定将评价指标分为"特色性指标"和"一般性指标"。

特色性指标反映特色小镇的特色，给予较高的权重；

一般性指标反映特色小城镇基本水平,给予较低的权重。做到以评"特色"为主,评"优秀"为辅。充分体现特色小镇杜绝千篇一律的特性,重点培育差异化、独特性的小城镇。

2. 以定性为主,定量为辅

特色小镇的特色可简单概括为产业特色、风貌特色、文化特色、体制活力等,这些特色选项的呈现以定性描述居多。但是,完全的定性描述会导致标准评判的弹性过大,降低标准的科学性与严谨性。而少量且必要的定量指标客观严谨,虽然使评审增加了一定的复杂性,但能够保证标准的科学与严密。所以,标准的制定以定性为主,定量为辅。在选择定量指标时首先尽量精简定量指标的数量,同时尽量使定量指标简单化,增强可评性。

二、特色小城镇分项指标解读

根据《关于开展特色小镇培育工作的通知》,特色小镇认定对象原则上是建制镇,特色小镇要有特色鲜明的产业形态、和谐宜居的美丽环境、彰显特色的传统文化、便捷完善的设施服务和灵活的体制机制。在此基础上,构建五大核心特色指标。

1. 产业发展

如何衡量小城镇的产业是否有特色？小城镇的产业特色首先表现在产业定位与发展特色上，要做到"人无我有、人有我优"，具体表现为：产业是否符合国家的产业政策导向；现有产业是否是传统产业的优化升级或者新培育的战略新兴产业。产业知名度、影响力有多强，产业是否有规模优势。其中产业规模优势为定量指标。特色产业还应该具有产业带动作用以及较好的产业发展创新环境。产业带动作用分农村劳动力带动、农业带动、农民收入带动等三个方面，分别用农村就业人口占本镇就业总人口比例、城乡居民收入比等定量数据表征。

产业发展环境采用产业投资环境与产业吸引高端人才能力两个指标表示，具体指标分别用产业投资额增速和龙头企业大专以上学历就业人数增速两个定量指标来表征。特色鲜明的产业形态是小城镇的核心特色，因此，在百分制的评分体系中，对此给予25分的权重。

2. 美丽宜居

如何衡量小城镇的建设是否宜居？和谐宜居的美丽环境是对小城镇风貌与建设特色的要求。首先是对城镇风貌特色的要求，依据研究，将城镇风貌分为整体格局与空间布局、道路路网、街巷风貌、建筑风貌、住区环境五个指标，全方位评价小城镇风貌特色。其次，标准对镇区环境（公园绿地、环境卫生）以及镇域内美丽乡村建设两大项提出了相关考核要求。和谐宜居的美丽环境是特色小镇的核心载体，对此给予25分的评分权重。

3. 文化传承

如何衡量小城镇的文化是否传承良好？彰显特色的传统文化关乎小镇文化积淀的存续与发扬。因此，标准从文化传承和文化传播两个维度考察小镇的文化传承情况。由于不是所有的小城镇都有很强的历史文化积淀，加强对缺乏历史文化积淀的小镇在文化传播维度的审查。此项指标的权重为10分。

4. 服务便捷

如何衡量小城镇的设施服务是否便捷？便捷完善的设施服务是特色小镇的基本要求。小城镇设施服务的标准较为成熟，依据以往经验，标准从道路交通、市政设施、公共服务设施三大方面考核小镇的设施服务便捷性。同时，注重对现代服务设施的评审，包括Wi-Fi覆盖，高等级商业设施设置等指标。此大类是特色小镇的硬性要求，给予20分的评分权重。

5. 体制机制

如何衡量小城镇的体制机制是否有活力？充满活力的体制机制是特色小镇最后一个重要特征。首先，小镇发展的理念模式是否有创新。发展是否具有产镇融合、镇村融合、文旅融合等先进发展理念；发展是否严格遵循市场主体规律等是考察的重点；其次，规划建设管理是否有创新，规划编制是否实现多规合一；最后，省、市、县对特色小镇的发展是否有决心，支持政策是否有创新。此大类是考核特色小镇创新发展的要求，给予20分的评分权重。

总结：特色小镇认定标准经过首批特色小镇认定工作的检验，也发现一些需要进一步修改完善的内容，主要有以下五方面。

一是需要尽快出台关于真正意义上特色小镇的评选标准，而不是停留在特色小城镇的概念上。

二是避免评选出的镇都是"全能冠军"型的优秀重点镇，而使"单打冠军"特色镇不能脱颖而出。

三是标准进一步强化"定性、定量相结合"的思路，在评审程序复杂性的前提下，避免其过于弹性化。

四是标准中定量的指标要进一步深入研究，更加符合特色小镇的实际。

五是特色小镇的定义标准要完善与清晰，并要出台对应的、可操作的配套政策。

第九章

特色小镇实操案例

第一节 "国家样板"特色小镇

一、杭州云栖小镇

云栖小镇是浙江省首批创建的 37 个特色小镇之一。小镇位于美丽幸福的鱼米之乡杭州市西湖区，规划面积 3.5 平方千米。按照浙江省委、省政府关于特色小镇的要求，集产业、文化、旅游、社区功能"四位一体"，生产、生活、生态融合发展，秉持"绿水青山就是金山银山"的发展理念，着力建设以云计算为核心，云计算大数据和智能硬件为产业特点的特色小镇。云栖小镇建设仅仅一年，发展非常迅速。2015 年实现了涉云产值近 30 个亿，完成财政总收入 2.1 个亿，累计引进企业 328 家，其中涉云企业达到 255 家，产业已经覆盖云计算、大数据、互联网金融、移动互联网等各个领域。

云栖小镇的五大主要特点如下:

一是有一个小镇的灵魂人物。云栖小镇的名誉镇长王坚博士,是阿里巴巴的首席技术官、阿里云的创始人、中国云计算领域的领军人物,也是云栖小镇主要创建者,正致力于把云栖小镇打造成中国未来创新的第一镇。

二是有一个高端的新兴产业。云栖小镇坚持发展以云计算为代表的信息经济产业,着力打造云生态,大力发展智能硬件产业。目前已经集聚了一大批云计算、大数据、APP开发、游戏和智能硬件领域的企业和团队。

三是有一个创新的运作模式。云栖小镇采用了"政府主导、民企引领、创业者为主体"的运作方式。政府主导就是通过腾笼换鸟、筑巢引凤打造产业空间,集聚产业要素、做优服务体系。民企引领就是充分发挥民企龙头的引领作用,输出核心能力,打造中小微企业创新创业的基础设施,加快创新目标的实现。创业者为主体就是政府和民企共同搭建平台,以创业者的需求和发展为主体,构建产业生态圈。这是云栖小镇最有创新活力的部分。

四是有一个全新的产业生态。云栖小镇构建了"创新牧场–产业黑土–科技蓝天"的创新生态圈。"创新牧场"是凭借阿里巴巴的云服务能力、淘宝天猫的互联网营销资源和富士康的工业 4.0 制造能力以及像 Intel、中航工业、洛可可等大企业的核心能力，打造全国独一无二的创新服务基础设施。"产业黑土"是指运用大数据，以"互联网+"助推传统企业的互联网转型。"科技蓝天"是指创建一所国际一流民办研究型大学，就是西湖大学。

五是有一个世界级的云栖大会。云栖小镇创建了真正服务于草根创新创业的云栖大会，是目前全球规模最大的云计算以及 DT 时代技术分享盛会。2017 年杭州"云栖大会"吸引了来自全球的 6 万多名开发者以及 67 个国家和地区的 3000 多位嘉宾参与。

二、青海省民和回族土族自治县官亭镇

官亭镇位于青海省民和回族土族自治县以南 80 千米处的黄河东岸二级阶地上，全镇总面积为 67.1 平方千米，镇区面积为 1.9 平方千米，常住人口 1.79 万人。2000 年，全镇 GDP 为 5799 万元，农村居民人均纯收入 4382 元。全镇有 13 个村，建设用地面积为 0.86 平方千米，镇区常住人口 2410 人，就业人口 1560 人。官亭镇是全省海拔最低、气候最湿润的地区。

全镇有灾难遗址——喇家遗址以及世界最长的狂欢节——三川土族"纳顿节"。官亭土族刺绣、酿酒、说唱等民间艺术保持较好,黄河风貌与周边丹霞景观自然结合。据历史记载,大禹曾在此治水,留下很多传说和遗迹。

(一)当地发展优势和特色资源

1. 特色资源——喇家遗址。

史前文明遗址"喇家遗址"位于官亭镇喇家村,距镇政府1.5千米,总面积约40万平方米,是中国发现的唯一一处大型灾难性遗址。先后发掘出土了齐家文化时期的房址3座,人骨十几具,出土了中国考古发现的最大的磬——黄河磬王,体现出了齐家文化中晚期的全部社会形态,发掘成果被评为全国十大考古新发现,被誉为"东方庞贝"。

特色资源——大禹故里。4000年前,禹受舜命治理黄河水患,导川凿山。位于黄河最后流出青海的地方——寺沟峡,有一巨石被称为"禹王石",据《河州志》记载:"青石高八尺,宽七尺,长一丈,大禹导河时曾憩其上,坐痕至今犹存",景区内有大禹治水时留下的象形文字等遗迹。

2. 特色资源——土族风情。

(1)土族"纳顿节"。纳顿节是三川土族人民最重要的文化娱乐盛会，历时两个多月，是"世界上时间最长的狂欢节"，2006年该民俗被列入第一批国家级非物质文化遗产名录。

（2）土族婚礼和"道拉"。"道拉"从明代初期就盛行于土族婚庆喜事中，包含了土族的神话传说，体现了浓郁的民族特色，是土族文化的瑰宝。

（3）土族刺绣。三川土族民间刺绣富有喜庆、吉祥的寓意，历史悠久，体现了浓厚的乡土气息与生活情趣，具有鲜明的民族特色和民族意义。

3. 特色资源——黄河风光。

黄河自官亭镇西红崖脚下的"临津古渡"流出，向东进入三川，在三川地区形成了众多自然风景区。寺沟峡风景区是民和三川黄河水利风景区的重要组成部分，是黄河流经青海的最后一道峡谷，峡谷关险，风景如画。积石峡风景区，黄河在积石峡段水面狭窄，山势险要，气势磅礴；寨子岛素称黄河上游"第一岛"让人体验到身在"蓬莱仙岛""世外桃源"之感，是旅游的绝佳胜地。

（二）规划编制

发展定位："东方庞贝"小镇。以喇家遗址为核心，整合地域资源，打造集喇家文化、大禹故里、黄河风光、土族风情于一体的青海顶级文化旅游休闲小镇。

特色引领：东方庞贝闻华夏、土风古韵彰文脉——休闲旅游新印象。

统领沿黄：青海黄河谷地文化资源独特、集中——文化朝觐新地标。

辐射周边：立足民和、助力三川地区产业发展——经济发展新典范。

（三）功能分区

沿黄文化体验片区：黄河沿线以喇家遗址为核心，以临津古渡、大禹文化园、纳顿广场为支撑的沿黄文化体验片区。占地面积约为1.2平方千米。

官亭镇区公共服务片区：官亭镇区以公共服务、商业休闲、文化娱乐为中心，服务当地居民与旅游人群，并辐射周边乡村的公共服务片区，占地面积约为2.5平方千米。

（1）沿黄文化体验片区设计——喇家遗址博物馆：经国家文物局批准，喇家遗址被列入第二批国家考古遗址公园立项名单，成为青海首个国家级考古遗址公园。以喇家国家遗址公园为核心，打造5A级旅游风景区，带动镇区经济发展。

（2）沿黄文化体验片区设计——大禹文化园：省内外著名学者、专家赴三川、观遗址、查史料，认为"喇家遗址"一带是华夏始祖、治水英雄大禹的故里。以水为文化园之魂，串起文化园的各个主题节点，把"与水为友"的景观主题做到淋漓尽致。基地设置九鼎，纪念大禹治水之功，表达天下归一的美好愿景。规划总用地约 20.92 公顷。

（3）沿黄文化体验片区设计——纳顿广场：在民和三川地区，每年金麦登场、酩馏飘香的夏秋季节，都要举行一年一度的七月庆丰会，当地人称其为"纳顿节"。从农历七月十二日的宋家村"纳顿"开始，至九月十五日的朱家"纳顿"结束，长达六十多天，是"天下第一狂欢节"；设计近 3 万平方米的大广场，满足 3 万~5 万人舞蹈、聚会等功能需求。场地总用地约 7.19 公顷。

（4）沿黄文化体验片区设计——临津古渡：始于汉代，繁荣于唐宋时期，从汉朝到明清以及近代，一直是黄河上游的重要渡口。西进新疆，南入西藏，成为远上黄河、横跨青甘的著名古渡之一。是青海连接甘肃的重要桥头堡，位于川哈公路和黄河之间的狭长河滩地，面积约 5.4 公顷。

（5）官亭镇区公共服务片区详细设计：将官亭镇官西路以南、光明大道以北、官亭六路以东、庙前街以西划定为官亭镇风貌展示核心区。对核心区内的公共服务设施，各类建筑开发改造和修复提出要求。将该区域作为集中展示民和土族风貌和文化底蕴的重点地区；核心区内有官亭镇政府、三川科技文化中心等重要公共服务设施建筑以及宗教文化建筑，核心区内民居建筑群落完整自然，能够体现民和土族特色。

(四)特色鲜明的产业形态

1. 产业特色

官亭镇主导产业为旅游产业和农业。近年来，在延续传统农业的同时，积极拓展现代农业，并围绕打造文化旅游特色小镇为主题，大力发展乡村旅游，突出冷水鱼养殖、葡萄酒庄园建设以及核桃采摘园等。其中，以喇家遗址公园为核心的旅游项目正在施工之中，具有土族文化特色的纳顿广场、唐蕃古道要津——临津古渡广场等旅游项目也在启动之中。在旅游核心产业的带动下，与旅游相关的配套产业（如餐饮、住宿等）和延伸产业也有了长足发展。

(1) 产业体系构建。以喇家遗址为特色品牌，以大禹文化、土族风情、黄河风光等旅游产品为辅助，打造精品旅游主导产业。积极整合各类资源和产业引导，打造泛旅游产业集群，使沿黄旅游产业带与城镇配套服务产业彼此关联，形成产业链，构建产业集群，实现产业联动，从而以旅游产业带动城镇同步发展，实现新型城镇化建设新模式。

(2) 产业特色。喇家遗址考古旅游：喇家遗址是全国重点文物保护单位,这一灾难遗址迄今为止是中国发现的唯一一处大型灾难遗址,列入2001年度"中国十大考古新发现"。

土族刺绣:土族刺绣分"扎绣""盘绣""朵绣""卧绣"等,刺绣产品有枕套、围裙、钱包、烟袋、被罩、扇套、炕围等,也有较大型的挂在屋内墙壁上的装饰品。

冷水鱼养殖:利用天然的水利资源条件和滩涂湿地环境,发展冷水鱼养殖业。

核桃种植:核桃体验园大力发展薄皮核桃,并不断延伸产业链:核桃种植—核桃采摘—核桃粉、核桃露、核桃小吃—文玩核桃、核桃雕刻等工艺品。

2. 带动作用

在官亭镇,土族妇女世代传承着古老传统的民族刺绣艺术,刺绣技艺精湛,土族刺绣品与当地百姓的生活息息相关,如服饰刺绣有衣领、衣袖、绣花口袋、围肚、袜跟、绣鞋等;生活用品有绣花枕头、烟袋等。近年来,官亭镇刺绣艺术协会对当地800多名妇女进行专业培训,(其中2016年在官亭镇文化中心县妇联组织刺绣培训180人,雨露计划培训100人,去广州学习17人,南京学习23人,湟源学习20人),参加省内外展出交流活动50多次,带动就业700多人。扶持农家乐乡村旅游发展,带动就业150多人。

（五）和谐宜居的美丽环境

1. 土地利用情况

产镇融合：喇家遗址公园、土族民俗园（纳顿广场）以及大禹故里园均位于黄河岸边，与官亭镇区的空间距离在1~1.5千米，旅游产业功能与镇区服务功能相对分离，但结合紧密，有利于产镇融合发展。为促进产镇融合发展，在镇区与景区之间建设有旅游专用线和步行系统。

从集约利用土地角度出发，现有基础上的适应性改造是特色小镇打造的重要建设模式。从保护角度出发，对喇家遗址范围内村庄进行搬迁，并将搬迁后的村庄转换为民间博物馆，提高土地利用效率。

2. 项目建设情况

污水管网改扩建工程。在官亭镇新建、改造污水管网4.5千米，总投资1500万元，修建检查井290个，人行道铺彩砖2.4万平方米，绿化、亮化工程已全部完成；镇区主干路建筑外立面整治工程总投资2500万元，完成整治外立面2.3万平方米，主要道路沿线两侧完成墙面贴瓷砖4800平方米，粉刷涂料16 500平方米，修建门亭27座，木雕装饰1800米，商铺门头及屋顶装饰钢结构17 800平方米；修建完成了投资27万元的临津渡口花岗岩古亭；吕家沟河道治理3.97千米，总投资 2730 万元；"高原美丽乡村"建设总投资 1960 万元，其中喇家村被评为全国少数民族特色村寨。

（六）彰显特色的传统文化

1. 传统文化保护

官亭镇拥有鲜明的地域特色文化，非物质文化遗产丰富，如土族"纳顿节"、土族婚礼和"道拉"、"库咕笳"、土族刺绣等。对非物质文化遗产进行普查，对普查的非遗项目资料进行整理汇编，对项目所关联的各类信息开展全面系统的采集和保存，形成完整的电子档案，并出台相关保护措施，成立了民族民间文化遗产保护工作领导小组，对非物质文化传承人重点保护并提供资金给予扶持，使得官亭镇的非物质文化遗产能够更好地保存下来，为后人传承、研究、宣传、利用非物质文化遗产留下宝贵资料，促进并带动了官亭镇文化旅游产业的进一步繁荣。2015 年，建设了三川科技文化中心，加强了对非物质文化遗产的保护。

2. 文化传承

为了弘扬与传承官亭镇传统特色文化，每年农历正月二十九举办以社火表演、文艺演出、耍龙灯等为主要内容的"火花节"，参加人数达 2 万人；每年农历七月十二至九月十五举行历时 63 天的纳顿节，参与人数达 40 万人。

（七）便捷完善的设施服务

1. 基础设施建设

官亭镇为打造"东方庞贝"小镇，各项基础设施建设全面展开，其中日处理3000吨污水的官亭污水处理厂年内将建成投运；长1.2千米、宽24米的官亭三路已建成通车；官亭一路、二路、南环路、金顺路即将开工建设；长5.8千米的集镇排水管网已建成；集镇建筑风貌整治已完成。

2. 公共服务设施建设

教育方面：可容纳2500名学生、占地面积80亩的官亭镇中心学校已建成；容纳1500名学生、占地120亩的官亭镇土族中学正在建设之中。

医疗卫生方面：占地60亩的民和县第二人民医院已开工建设，服务周边多个乡镇十万余群众，减轻了周边群众的经济负担。

三川科技文化中心：三川科技文化中心组织"纳顿节"表演、"道拉"、社火及大型文化活动，丰富了群众文化生活。

（八）充满活力的体制机制

1. 规划建设管理创新。成立了官亭镇特色小镇建设领导小组，由县美丽城镇建设工作领导小组统一领导，官亭镇和各相关部门负责人为第一责任人。把美丽城镇建设纳入重要议事日程，及时成立了相应领导机构，抽调专人负责美丽城镇建设工作，制定实施方案、细化责任任务、倒排建设工期，采取强有力措施，不断推进各项建设活动。同时，2016年9月成立了官亭城镇综合执法队，隶属官亭镇政府管理，核定副科级领导职数2名，事业编制15名。

2. 社会管理服务创新。官亭镇民生服务大厅分民政、残联、新农保、新农合、农业和林业6个固定工作窗口，分别负责对口相关业务的办理、咨询和指导。以"便民、高效、创新、廉洁、规范"为宗旨，淡化管理，强化服务，增强服务的针对性和实效性。深化机关效能建设，在转变政府职能等方面进行了积极有效的探索，围绕"服务经济、方便群众"，树立"首问服务到位、首理负责到位"的理念，实行服务承诺、限时办结的运行机制，将审批内容、办理程序、申报条件与材料、办理方式、承诺时限"五公开"，做到"手续简、流程短、办事快、服务优、效率高、质量好"，切实为官亭镇人民提供优质、高效、便捷的服务。

3. 经济发展模式创新。为加快官亭地区旅游文化的发展，吸引更多的社会资本，成立了民和县文化旅游发展有限公司，利用PPP模式实施喇家民俗文化街、大禹故里园、临津渡广场等项目。

4.省、市、县支持政策。积极争取国家政策扶持项目，鼓励少数民族地区乡村旅游发展。

根据《海东市关于加快民和三川地区文化旅游产业发展的工作意见》精神，成立海东市三川地区文化旅游发展领导小组，负责协调解决旅游业发展中的重点、难点问题。指派专人常驻官亭镇，具体负责文化旅游产业的组织实施工作，形成促进三川地区文化旅游产业快速发展的强大合力，将"喇家遗址、大禹故里、土族风情、黄河风光"四位一体打造青海旅游产业升级版，成为黄河上游人类文明发祥地、青藏高原民族文化交会处和黄河流域土族风情走廊。

第二节 智造产业项目小镇

一、临安云制造小镇概况

云制造小镇位于杭州青山湖科技城，随着云制造小镇"花落"青山湖畔，临安将按照"产城融合、产学研联盟、生活创业互动"思路，以智能装备研发、设计和产业化为特色，着力打造云制造技术研发平台、创新服务平台、企业孵化平台、云数据存储服务平台和云技术应用示范平台等重要载体和装备制造业提升改造的重大平台。云制造小镇总体规划3.17平方千米，其中核心区（众创空间）面积1364亩，包括创客工厂、众创服务中心、创智天地、科技创意园等创业创新平台。

二、临安云制造小镇的空间布局

小镇总体布局为"一轴一脉两区","一轴"即大园路创新发展轴,"一脉"即苕溪绿色水脉景观走廊,"两区"即云制造小镇建设核心区、众创空间和智能装备提升区。

1. 众创空间面积1364亩,包括创客工厂、众创服务中心、创智天地、科技创意园等创业创新平台,重点建设智能光影检测设备产业园、工业自动化控制设备产业基地、华通云数据青山湖云计算基地、腾讯创意创业产业园、生物医药食品检测设备生产基地等项目。

2. 智能装备提升区重点建设智能物流装备产业园、高端成套设备产业园、信息基础设施产业园等重点装备制造产业智能化提升改造项目。重点项目包括年产5万台电动叉车、电梯部件产业化、煤化工用特大型空分装置国产化、高性能铅炭启停电池研发及产业化、新增年产450千米温水交联电缆生产线自动化技术改造等,总投资21.4亿元。规划形成"两轴一城一谷一村"的空间结构,两轴分别是科技创新发展轴和文化体验轴;一城即创城,提供创意交流、展示、办公、创客SOHU、商业配套等服务;一谷即智谷,以科研院所、狮山公园、大师工坊等为主体打造创新平台;一村即云村，毗邻杭州电子科技大学信息工程学院，建设院所创新基地、创意街、大师工坊、创客新车间、江南民俗文化村，配套建设狮山众创开放交流区，精心打造云制造小镇独具人文特色、依山傍水、彰显科技与智慧的文化旅游景点。

三、临安云制造小镇的特色

1. 产业定位

云制造小镇集聚云制造技术研发、工程技术服务及应用示范类科研院所、企业、中介组织等机构，以云制造研发服务业和智能装备制造业发展为产业定位，是企业制造数字化、智能化协同创新、协同制造的空间集合。

2. 发展目标

未来，云制造小镇将发展为融云制造服务、科技研发、创业创新、文化展示、旅游休闲、生活居住、社区服务等功能为一体的特色小镇。它有50万平方米孵化器、标准厂房、500家科技型企业、50个创新团队、5000位创新创业者、超过200亿元的智能装备产业产出。将小镇从云制造的试验区转变为智能制造的先行区，打造为中国云制造技术的创新源、浙江省智能制造产业的新引擎。

3. 区域功能

突出"生态、科技、文化、休闲"主题,秉持"产城并进、融合发展"理念,打造绿色众创空间,以"技术导师+商业导师(企业家)+资本支撑"的模式,集聚大众创业、万众创新,使智能装备产业集聚集群发展,成为青山绿水间的创客创业创新乐园。

4. 创客工厂

占地753.5亩,总投资51.7亿元。将建科技孵化基地、锦江科技广场、智能光影检测、工业自动化控制、云计算、智能数字信号传输数据软件研发等一批产业园区。

5. 众创服务中心

占地460亩,总投资50亿元,建设玛丽蒂姆商业中心、创意创业产业园等项目。

6. 创智天地

占地74.7亩,总投资14.9亿元。将建设生物医药食品检测、节能环保、轨道交通信号控制、智慧医疗、智慧交通等设备产业园。

7. 科技创意园

占地76亩,总投资5亿元,将建设企业总部基地。

8. 装备制造业提升

将沿苕溪两侧着重发展装备制造产业智能化提升改

造项目，建设智能物流装备、高端成套设备、信息基础设施等产业园区。

9. 发展规划

小镇规划由"创城""智谷""云村"三部分组成，其中"创城"就是专为创业者打造的，里面有众创空间、专业孵化器、城市综合体、商业中心等，是小镇的门户区。

拥有国内首个以创客创业创新"三创融合"为主题的论坛。云制造小镇将大力培育和弘扬智造创意文化，核心区内建设创业一条街，开设茶吧、咖啡吧、创客沙龙等形式的创客交流空间，促进创客创意与创业资本不断碰撞火花。同时，云制造小镇将深入挖掘传统民风民俗文化，融合新科技和工业设计体验文化，着力打造江南特色文化小镇。

规划建设中的狮山公园，将成为云制造小镇又一独具特色的自然、人文景点。规划展览馆兼具科技体验和规划展示功能，年接待参观人员已有数万人次。小镇拓展区还将规划建设休闲运动基地、足球学校等，打造高端人士旅游休闲的理想之地。

临安市云制造小镇建成后，将成为中国首个以智能装备产业为特色的创客天堂、文化小镇，成为长三角"智造"创意基地、浙江智能装备产业高地、杭州创客汇集的嘉年华和创新创业的文化小镇。社会和经济效益明显,预计年实现总产值 250 亿元左右,实现总税收超 10 亿元,吸引旅游人次达到 40 万人次以上。

第三节　旅游产业特色小镇

一、北京十渡

十渡（风景区）位于北京市房山区十渡镇，是中国北方一处大规模喀斯特岩溶地貌，是国家 4A 级景区和国家地质公园的核心区之一，同时也是北京市最大的自然风景区。十渡镇西南和河北省接壤，地处太行山北段余脉东北侧、华北平原西北山区，距市区 80 千米，不仅地理位置极佳，而且交通快捷便利。十渡不仅自然风景秀丽迷人，文化底蕴也十分丰富，历史文物古迹众多。十渡镇因地制宜，将十渡国家地质公园的风景区资源作为依托优势，大力发展乡村旅游业，积极建设景区依托型文旅小镇，被北京市政府批准为市级旅游专业镇、市级风景名胜区,被国家计委批准为小城镇经济综合开发区。

1. 北京十渡的定位

延续景区山水休闲意境,以民俗村旅游为主,建设多业态组合开发的景区配套服务功能区,打造依托景区,提供特色民俗游的集吃、住、行、游、购、娱六方面业态于一体的多功能旅游小镇。建设智慧十渡景区,打造北京乡村旅游建设示范区。除了民宿行业发展态势良好,现在十渡的餐饮业发展得比较迅速,已经有农家餐馆 300 余家,按照自然村的分布,分别坐落在十渡风景区内,非常受游客欢迎。

2. 北京十渡的发展战略与模式

十渡镇大力实施"旅游强镇"战略,提升了智慧旅游行业发展水平。整体发展战略为政府进行平台搭建、景区细节规范、个人自主经营,以此来塑造景区整体品牌,对现有资源进行整合,大力推动十渡山水旅游、生态农业、文化创意产业交融发展的模式。

由于十渡是依托自然生态的小镇,所以在发展的同时强化环境保护,对旅游资源合理地开发利用,对一些特殊旅游资源进行重点保护。除此而外,还要对旅游产业进行调整,清退疏解低端旅游产业。联合城管、工商所、食药所等部门对景区内无照经营旅游场所、民俗接待等开展专项检查，及时进行疏解清退；强化监管力度，对镇域内沿河地区的非法砂石料厂、小加工作坊、占路经营大排档等进行关停整改，专项整治非法导游，确保旅游市场有序稳定；加大环境整治力度，通过"清洁家园·美丽十渡"系列活动，腾退镇域内低、小、重、弱项目，加强平峪小流域综合治理项目的建设，进一步推进"整治、管控、退出、提升"工程，促进景区生态环境建设。

二、湖北省秭归县九畹溪镇

《离骚》中"余既滋兰之九畹兮，又树蕙之百亩"，提及的九畹溪，就是伟大爱国诗人屈原入郢前开坛讲学、植兰修性之地，也是国家级景区——九畹溪景区所在地。九畹溪镇原名周坪乡，2009年1月经湖北省政府批准撤"周坪乡"设"九畹溪镇"。地处川鄂咽喉长江三峡西陵峡南畔，属于三峡库区移民乡镇，归湖北省秭归县管辖，在秭归县的东南部，距县城约38千米，距宜昌市80千米。2006年九畹溪旅游区通过了国家旅游局4A级风景区的评定，也被列入湖北省重点旅游风景区和自然水域漂流训练基地。九畹溪旅游区是三峡大坝库首区第一旅游风景区，集探险、休闲、观光为一体，景区的奇山、秀水、绝壁、怪石、名花远近闻名。

九畹溪镇风景秀丽，位于鄂西生态文化旅游圈中。在这里，山水文化、屈原文化、巴楚文化、道教文化、移民文化交相辉映；在这里，有奇山也有秀水，有绝壁也有怪石，本身就有着十分优美的自然风光、极其丰富的自然资源，具有开发观光旅游产品的资本。因此，九畹溪镇大力实施"旅游兴镇"战略。完善旅游发展规划，开发特色旅游产品，全力打造功能完善、设施齐全、环境优美、宜居宜商的中心集镇。与此同时，加快旅游景点景区的开发以及景区周边环境建设，完善旅游配套设施及服务。

除了不断优化旅游服务功能，充实旅游休闲功能，九畹溪镇近几年来积极拓展旅游就业功能，实施"景区旅游+"的战略，着力围绕茶业和旅游业进行融合发展，力图延伸旅游产业链条，丰富旅游文化内涵。九畹溪镇坚持以每年不少于2000亩的速度发展茶叶基地，茶叶种植面积达18 000余亩，并结合旅游发展特色茶业，打造观光茶园，培育茶旅游产品。通过加强茶叶基地的管理，招商引资新建4家集茶叶种植、加工、销售及配套休闲农业观光旅游等于一体的多功能观光茶厂。九畹溪原有的旅游资源优势为茶厂的观光及销售等提供了良好的客流量，而茶厂的建成在彻底解决全镇茶叶销售问题的同时，也以茶业的快速发展反哺和带动旅游业，弥补单纯观光旅游的不足，为九畹溪镇的观光旅游发展奠定了坚实的基础。

九畹溪镇将茶叶与旅游两个元素进行重点开发，提炼二者优势，进行有机统一，使二者资源信息共用，彼此依存，共同发展，互惠共生，目前已经逐步形成了"两业并进、效益双赢"的良好局面。

三、仙居县神仙氧吧小镇

有"仙人居住"之美誉的浙江省仙居县，历史悠久，人杰地灵，文物古迹颇多，有7000多年历史的下汤文化遗址以及国内八大奇文之一——蝌蚪文。仙居县地处浙江省东南部，隶属于台州市，靠近东海，地形以丘陵山地为主，号称"八山一水一分田"。仙居县是中国"国家公园"试点县，境内有5A级景区"神仙居"。仙居县的生态植被非常优越，森林覆盖率达77.9%。

仙居神仙氧吧小镇位于仙居中部旅游板块白塔镇境内，处于神仙居旅游度假区的核心，也是通往神仙居、景星岩、淡竹休闲谷、皤滩古镇、高迁古民居等景区的必经之地，是仙居旅游的门户和高地。小镇规划面积3.8平方千米，计划总投资80亿元，预计3~5年初步建成。

作为浙江省首批特色小镇创建镇，仙居县神仙居氧吧特色小镇依托自身资源优势，以绿色生态为主题，打造绿色生态品牌，把氧吧小镇建成以山水田园、滩林溪流、古村古镇为基底，包含旅游度假、健康养生、文化创意、宜居宜游等功能的国内知名小镇，并最终打造成国际旅游养生目的地、充满活力的生态产业高地以及全国知名的美丽乡村样板。之所以能成为旅游特色小镇，其核心特色就在于"绿色"。这里山、水、林、田星罗棋布，植被覆盖率高，水域面积广阔，负氧离子浓度高。据测算，平均每立方米负氧离子含量为2万~3万个，负氧离子含量最高的一处测得8.8万多个，超出仪器峰值。

除了良好的生态环境，神仙居氧吧小镇的优势还在于：处于台金、诸水高速交会处，2~3小时交通圈覆盖全省，台金铁路即将启动建设，杭温城际高铁正在建设中；小镇距神仙居主景区、景星岩、皤滩古街、桐江书院仅10分钟车程，距县内永安溪漂流、响石山景区仅20分钟车程，永安溪绿道就经过度假区；环景区公路等一大批与小镇配套的基础设施基本完成，一批涉及旅游、休闲、度假、养生、文化等项目相继落户并开工建设。

第四节 金融产业特色小镇

2015年5月17日,杭州市玉皇山南基金小镇正式揭牌,是一个运用国际先进理念和运作模式,结合浙江省和杭州市的发展条件和区域特质所打造的集基金、文创和旅游三大功能为一体的特色小镇。基金小镇凭借金融业列入首批浙江省特色小镇创建名单。

1. 玉皇山南基金小镇概况

玉皇山南基金小镇集基金、文创和旅游三大功能为一体。小镇位于杭州市上城区玉皇山南,地处西湖世界文化遗产保护带的南端,车水马龙之地,玉皇山脚下;背倚八卦田,南宋建筑群。这片南宋皇城根下的产业园,三面环山,一面临江,是千年皇城脚下的城中村。玉皇山南基金小镇核心区规划总占地面积2.5平方千米,总建筑面积约30万平方米。

2. 玉皇山南基金小镇定位

基金小镇的功能定位是：要为整个实体经济的转型升级、创新创业服务。金融归根结底要回归实业，没有实业支持，资本市场无法实现健康、良性的发展。基金小镇用"微城市"的理念打造园区，加快建设生活配套服务平台，在玉皇山南集聚区内，公共食堂、商务宾馆、停车场、配套超市等正在加快建设，有的已投入使用。此外，基金小镇还将提供一系列特色配套服务。

比如，引进由浙江省金融业发展促进会组建和管理的"浙江省金融家俱乐部"，将创办成立"浙江金融博物馆"，成立对冲基金研究院，为小镇入驻私募机构提供专业化服务。入驻企业中，既有新引进的阿里巴巴旗下杭州湖畔山南资本管理有限公司、宁波远大物产等，也有"老牌"的敦和资产管理有限公司。

3. 玉皇山南基金小镇空间布局

整个基金小镇，共分四期建设，整体布局如北斗七星之形，天枢、天璇、天玑、天权构成的北斗之"魁"，恰好是小镇的二期和四期位置，玉衡、开阳、摇光构成北斗七星的"杓"，串联起了小镇的一期、三期建设布局。

4. 玉皇山南基金小镇发展模式

基金小镇注重相应产业链和生态链的培育，重点完善"一主两翼"金融生态体系。

"一主"，就是突出龙头机构作用。私募（对冲）基金往往有扎堆习惯，在小镇建设初期，要十分注重招引有知名度的私募金融机构，以此带动私募金融产业的快速集聚。短短三年间，小镇入驻企业数量从500家增长到2036家，资产管理规模从2000亿元增长到10 380亿元，税收也从4亿元增长到18亿元。截至2017年10月，小镇已经成功扶持培育98家公司上市。

"一翼"，就是完善金融商务环境。引进法律服务、会计审计、研究咨询等机构。通过基金研究院，组织全球私募（对冲）基金论坛，举办高端金融人才交流活动等，从而提升基金小镇的竞争力和影响力。

另"一翼"，即提高小镇管理水平。抓好综合服务水平提升，实行"一站式"服务，协助企业做好项目申报、资金扶持对接、银企对接。完善生活性配套，打造适合行业从业人员的慢生活社区环境，组织建立各类小镇社团。筹划丰富的文艺体育休闲活动，保持小镇活力。

基金小镇还充分挖掘了玉皇山南文化历史资源，通过南宋皇城遗址建设、金融博物馆等形式，为基金小镇增添历史气息、文化基因和发展吸引力。围绕行业内有影响力的文化名人、文化名企，打造莫言文化村等地标性文化载体。

第五节 汽车工业特色小镇

作为浙江省首批特色小镇创建镇,台州市路桥区申报的沃尔沃特色小镇是一个集汽车产业、汽车文化创意及汽车旅游为一体的汽车小镇。

沃尔沃汽车小镇位于台州市路桥区,西有175省道,东侧有台州沿海高速。镇区离台州主城区12千米,离台州机场12千米,离台州火车站37千米,交通十分便利。从产业上来说,小镇拥有吉利、吉奥、永源、彪马4家整车生产企业及再生金属产业基地,汽车零部件生产企业6000多家,汽车产业优势十分明显。

为了促进汽车产业的进一步集聚和提升,小镇以吉利汽车项目为核心,以汽车产业、汽车文化、汽车旅游为三大特色,发展集汽车整车、汽车零部件、汽车产品创意研发与设计、汽车主题旅游、电子商务产业为一体的特色小镇。

沃尔沃汽车小镇是路桥区5年里的重点发展项目，是路桥"两极、一带、两组团"新格局的重要组成部分，小镇总规划面积约为6平方千米，开发遵循"一次规划、分步实施、滚动发展"的原则，坚持工业化、城镇化互动，目标是建设成为全国先进的沃尔沃汽车生产、研发基地和中国东部重要的汽车零部件生产基地、贸易中心，同时建设了以汽车为主题的滨海旅游休闲基地和宜居的城市新区。

沃尔沃汽车小镇主要有五大功能区，具体如下：

一是沃尔沃汽车整车生产项目。生产世界知名的沃尔沃品牌轿车，规划产能20万辆整车，整车生产基地规划用地1101亩，总建设面积39.39万平方米，计划总投资100亿元。采用具有全球竞争力的标准设计和建造理念，在工艺制造、节能减排、环境保护和整个产业链优化方面都采用最先进的技术配置，项目在2014年已开始建设，2015年基本完成土建，2017年6月正式量产。

二是汽车零部件生产基地。总用地2000多亩，项目推动台州汽车零部件行业向部件、总成方向发展，完善汽车产业链，提高产业集聚度，引入一批国内外知名的汽车零部件企业，带动台州汽配行业的整体提升。

三是汽车创意产业园。沃尔沃汽车小镇设立汽车研究院及技术和产品研发中心,吸引国内外的汽车研发人才,对重点产品和关键技术实施攻关,形成技术优势,为企业的产品和技术研发提供技术支持。项目用地约100亩,投资3.8亿元。

四是汽车主题公园。通过汽车产业与旅游、文化等产业的有机结合,打造一个占地约800亩、投资8.2亿元的集汽车教育、休闲、娱乐、运动、商务等功能为一体的汽车主题文化公园,提升小镇形象。汽车主题公园功能包含开展汽车文化交流,举办汽车知识公益教育,传播汽车文化和加强青少年汽车知识普及等,定期举办具有一定影响力和知名度的汽车文化活动;建设赛道,组建汽车俱乐部,举办汽车拉力赛、场地赛等比赛,大力推动汽车运动的发展。汽车主题公园项目2016年开工建设,2017年建成一期工程,2018年全面建成。

五是北欧风情街。项目占地约200亩,投资4.1亿元,建设体现北欧风情的建筑群,力求原汁原味地还原瑞典小镇风格。计划2016年开工建设,2017年建成一期工程。

沃尔沃汽车小镇建设不仅是路桥工业、文化、旅游产业发展的一个标志,更是转型升级的重要里程碑。

第六节　航空特色小镇

如果别墅前的道路上停的不是汽车而是飞机，车库就成了飞机库。现代家庭早已普及了汽车，一个家庭拥有两辆车是平常的事。但在一个社区几乎家家都有飞机的情形并不多见，而美国就有这样一个小镇，飞机取代了汽车，成为家庭的必备品。

斯普鲁斯溪原来是一个空军基地，第二次世界大战期间美国在这里修建了大型的航空设施：二十多千米的跑道、滑行道、机场。但是战争结束之后，这里就被弃置了，所有权被握在地方政府手里，形同鸡肋。后来经过改造，现在成了闻名的飞机村。镇上有居民5000人，1500座住宅，飞机库就有700个，有的家庭拥有的飞机还不止一架。当地风景也很优美，安静隐秘的别墅住宅区内，坐落着风格各异的房屋。屋门前的大道整齐宽阔，并直通毗邻小区的一条修葺完整的飞机跑道。当地居民把飞机停在房屋门前或是车库内。小镇上的公路使飞机能够直接从机场开到居民的住宅处，而公路上的标志牌提醒民众和汽车驾驶人，飞机在公路上拥有优先的路权，也就是汽车要为飞机让路。

斯普鲁斯溪航空小镇是世界上最大的航空社区，在当地社区，如果一户住宅的飞机库大门是打开的，那表明住宅的主人欢迎与任何人交谈和交流开飞机的心得。

住在这个小镇的居民每天都可以从自家门前驶出飞机，在社区公路上前往机场，然后驾着飞机去执行公务。开着飞机回家是很多当地居民的日常生活场景。

斯普鲁斯溪航空小镇首先是一个生活家园。就像普通的住宅区一样，这里的房屋大都是业主平日居住生活的家，而非做商业之用途。但不同于传统的住宅区，航空小镇除了要提供日常生活所需的设施外，还必须建有飞行所需的必不可少的设施设备，如机场、跑道、滑行道、停机库、停机坪，甚至飞行俱乐部、餐厅等。让飞行成为这里的人们生活不可或缺的一部分，正是住宅型航空小镇的核心价值。因此航空小镇也被称为"飞行社区"。

毫无疑问，已在航空小镇置业或想在这里生活的绝大部分人都是非常热爱飞行的，也正因为如此，航空小镇也被称为"飞行员之家"。这里具有非常浓厚的飞行氛围及飞行文化。住在这里的人，由于有飞行这个共同的爱好和专长，邻里关系往往都非常友好和密切。他们可以在周末一起驾驶着爱机前往某个旅游胜地，也可以在下午茶时间或社区活动中分享各自的飞行经验与故事，并在飞行技巧、飞机维修、飞行安全等方面互相给予意见和帮助。

机场设施和飞行设备是航空小镇的重中之重。一些飞行社区连接的机场是当地的公共机场，但很多航空小镇则拥有自己的机场，只允许社区内的居民使用，并不对外开放。机场的跑道通常都是修葺完整的，符合美国联邦航空管理局（FAA）对适航机场的规章和要求。与跑道相连的滑行道可通往航空小镇的家家户户。停机库是一般飞行社区内房屋的标准配置，社区同时还提供公共停机坪和地锁。

第七节　艺术主题特色小镇

艺术主题型特色小镇,是将文化艺术中的文学、绘画、雕塑、音乐、陶器等艺术表现形式与小镇旅游融合发展,增加游览价值、观光价值、艺术价值、产业价值。例如,周窝音乐小镇、丽江彩色小镇、雪山艺术小镇等,这些地区借助绘画、雕塑、音乐等艺术形式带动了当地旅游的深层次开发与提升。发展要点:充分展示艺术表现形式,利用艺术手法打造文化艺术场景,艺术场景旅游化、艺术展现大众化发展,提供艺术欣赏、观光、休闲、度假等功能。

一、周窝音乐小镇

2012年4月,依托金音集团乐器生产优势和北方民居特色，璐德音乐文化产业发展有限公司、中国吉他协会和武强县政府共同打造了中国最具文艺气质的周窝音乐小镇。音乐小镇位于河北衡水市武强县周窝镇周窝村，处于华北平原腹地，占地面积为1.5平方千米，共有256户人家，居住用房近300套，人口近千。

音乐小镇可以说是中国青年创意文化的发源地，原创音乐的孵化器，中国特色教育的体验基地。麦田音乐节、中国吉他文化节等多项活动在此地举办。2014年，周窝音乐小镇更是被评为"全国生态文化村"、"2014全国最美村镇"、国家级"青少年音乐体验基地"。

1. 周窝音乐小镇的定位与发展模式

音乐小镇以金音集团乐器产业为硬件基础，以璐德国际艺术学校为软件支持，通过包装改造现有民居、创建原创公社网络互动平台、建设乐器体验馆、举办特色节庆活动等举措，实现信息化、工业化、城镇化和农业现代化相结合，着力打造全国第一个"四化同步"示范镇，打造成为集吃、住、行、旅游、娱乐等功能于一体，在国内具有较高知名度和影响力的特色魅力小镇。

小镇确定了"五纵、六横、六区"的发展规划。五纵、六横就是十一条街道。六区就是西洋乐器生产厂区、新民居住宅小区、传统民居餐饮休闲区、中外乐器展示销售商业区、各类音乐节活动区和音乐广场。

2. 周窝音乐小镇的建设

小镇按照"政府引导、社会参与、政企携手"的模式建设，并先后聘请中央美院建筑学院、北京798艺术中心制定完成了小镇改造规划、旅游接待方案，还聘请天津大学建筑学院编制了《周窝音乐小镇整体区域规划》。通过对周窝村进行包装改造，将小镇内沿街店铺承租、统一包装，小镇目前已累计完成投资1.13亿元，改造建设咖啡屋、提琴乐器体验馆、专家别墅、音乐制作室等特色院落81套、门店15间。小院既保留着北方农村建筑特色，又极具现代音乐韵味，中西结合，相得益彰，吸引了国内外音乐家长驻周窝。同时，小镇通过每年固定时间组织开展国内、国际音乐交流活动，来带动音乐人才输出、音乐创作、乐器销售、餐饮酒店等相关产业发展。小镇还启动了周窝数字音乐原创基地、音乐水世界、军歌博物馆、河北音乐中学等项目。

3. 周窝音乐小镇的旅游特色

（1）周窝服务中心占地400平方米，音乐小镇服务中心不只是一个游客接待中心，还是一个室内多功能演出厅，展出小镇规划沙盘、林林总总的小镇纪念品，还有许多游客没见过的乐器。

（2）吉他坊DIY，纯手工木质吉他坊。依托金音乐器集团，村子里半数以上的人都曾在乐器厂里工作，这间吉他坊的主人以前就在金音集团做技师，凭借着自己的技术，趁着小镇的兴起成立了这间工作室。在这里，游客可以了解吉他的全部制作过程，并DIY彩绘个性吉他，体验吉他，普及乐器文化知识。

（3）年画坊。武强县是被文化部命名的"木板年画艺术之乡"，作为中国四大年画之一的武强年画，是中国非物质文化保护遗产，是农耕文化的百科全书。在小镇年画坊，不只可以看到精美的年画艺术品，还可以自己动手制作年画。

（4）小周工作室。著名的音乐小镇萨克斯手——周卫仓是这间工作室的主人。这间工作室是集制作、销售、维修、现场教课和网上教学于一体的音乐场所。

二、丽江九色玫瑰彩色小镇

九色玫瑰彩色小镇位于丽江市古城区七河镇金龙村，距城区约28千米，自驾需40~50分钟，离丽江机场很近。这里居住着多个民族，因此小镇房屋的建筑风格融入了各族民居的元素，但大部分小屋的屋顶仍然保留中式传统的飞檐翘角，全然一股时尚的中国风味道。小镇的442栋传统庭院房屋，被刷成了橙、蓝、黄、粉、绿、紫等9种颜色，其中公房为橙色。村民为自家的房子挑选颜色，为了呈现出一个良好的视觉效果，要求相邻的两座房屋不能使用同一个颜色。因此相邻的院子配色大胆，红的配绿的，粉的配紫的，十分具有后现代的艺术风格。五彩斑斓的小镇整齐地排列在绿色田野和树林的环抱中，远远望去，美感十足。

2014年，丽江玫瑰小镇旅游开发有限公司与金龙村签订紧密型合作协议，共同建设九色玫瑰彩色小镇。项目建设内容包括：在金龙村442户农户的房前屋后种植观赏玫瑰，打造"丽江玫瑰第一村"。种植1000亩食用玫瑰，并通过深加工开发玫瑰产品；建设玫瑰景观，打造特色旅游小镇。玫瑰小镇的定位为智慧旅游景区，做旅游升级版，这里是中国第一个彩色村庄、第一个玫瑰爱情主题小镇，在这里好玩和互动都可以同时实现。

除了五颜六色的房子，小镇的墙壁也是一大亮点。融入多元素的3D壁画，可以说是民族文化与现代艺术结合的产物。这些3D画许多取材于生活，把大山、电站大坝、人背马驮的移民景象画在了墙上；也有极具艺术效果的飞机、奔马、花海、卡通作品；还有极具云南特色的彝族火把节；更有年轻人喜爱的文艺范儿——爱情箴言墙。目前，小镇的3D彩绘已完成50多幅。而位于村委会门前的金龙村南北向主干道上，正在绘制500米长的地面3D彩绘，待全面完工时，3500平方米的地面 3D 彩绘将申报吉尼斯世界纪录。

除了彩色房子和 3D 画，小镇里家家户户都参与玫瑰种植。丽江玫瑰小镇旅游开发有限公司则通过建立苗圃基地，为村民提供 9 色玫瑰苗；收购玫瑰花，开发科技玫瑰产品。目前，金龙村正形成以"九色玫瑰庄园"为示范引领，以玫瑰花为主的旅游观光和中药材、蔬菜种植齐头并进的特色产业群。

丽江玫瑰小镇整体搬迁而来，一开始就做了科学的规划，道路、房屋、间距都建设合理，这为玫瑰小镇的旅游开发奠定了基础。丽江玫瑰小镇在保证老百姓的收入的同时，力争在 3~5 年让村里的百姓收入增长 1~3 倍。一期工程，将为村民提供至少 100 个工作岗位，小镇的商店、超市、农家乐、小吃店等全由村民自行经营；门票收入将与村里分成，房屋庭院在今后可出租，老百姓还可参与到景区的表演节目中来，为民族文化的传承发挥作用。

第八节 互联网创业特色小镇

一、梦想小镇介绍

"梦想小镇"坐落在余杭区仓前街道,占地面积约3平方千米,于2014年9月正式启动建设。"梦想小镇"涵盖了互联网创业小镇和天使小镇两大内容,其中,互联网创业小镇重点鼓励和支持"泛大学生"群体创办电子商务、软件设计、信息服务、集成电路、大数据、云计算、网络安全、动漫设计等互联网相关领域产品研发、生产、经营和技术(工程)服务的企业;天使小镇重点培育和发展科技金融、互联网金融,集聚天使投资基金、股权投资机构、财富管理机构,着力构建覆盖企业发展初创期、成长期、成熟期等各个不同发展阶段的金融服务体系。

作为浙江省首批 37 个省级特色小镇之一,梦想小镇于 2015 年春季正式开门迎客。为了吸纳"泛大学生"群体(毕业 10 年内的大学生)来创业,梦想小镇还准备了拎包入住、免房租、多补贴等多项丰厚条件"款待"创业者。余杭仓前就是梦想小镇所在地。远眺梦想小镇内的各式建筑,像极了被"种"在田野中的种子。其中最引人注目的要数 12 个大粮仓。这些由旧时粮仓改造而成的"种子仓",已成为"泛大学生"创业的办公场地。每天,都有络绎不绝的人群前来梦想小镇参观交流,而"种子仓"则成为人们必去的"景点"之一。仓前是一个拥有 880 多年历史的古街,街上保留了章太炎故居、四无粮仓等文保单位以及一大批古建筑,但多年来陷于保护和开发的"两难"境地。

根据《浙江省人民政府关于加快特色小镇规划建设的指导意见》,所有的特色小镇要建设成为 3A 级以上景区。而特色小镇和众创空间的提出,为古街提供了纯旅游开发和城市化推进之外的第三条路径。"保护和开发并重,将历史文化传承好",梦想小镇将"在出世和入世之间自由徜徉"作为最高指导思想,确立了"先生态、再生活、后生产"的发展理念。

在保护与开发的取舍方面,小镇着实下了一番功夫。

小镇将保留现有的水泥厂、老街、水田等历史遗存和自然生态，对存量空间按照互联网创业的要求进行改造提升；而对章太炎故居、四无粮仓等文化内涵进行充分挖掘，使其成为最具特色的小镇基底。人与自然的和谐并存，正是生态之美的体现。

梦想小镇不仅有原汁原味的生态之美，更是创业者实现梦想的跳板。小镇以互联网创业和天使投资融合发展为特色，互联网村和天使村两个功能区已建成并投入使用。据了解，为推动实现更好对接，政府率先设立1亿元天使引导基金，按照"阶段参股、保本退出"的形式投资符合条件的天使基金，引导社会资本加大对初创企业的投资力度。同时还引导天使基金、股权机构在梦想小镇搭建孵化平台，公开招募专业运营机构，大力培育众创空间，为企业提供专业化、市场化、多样化的新型孵化服务。

二、核心规划：一环两区三星

"一环"指的是一条希望田野环。展开梦想小镇规划设计图，就会发现，整个小镇被一个基本呈环形的稻田地带围绕，和既有的湿地味道的天然池塘、水面一起成为一条真正的田园生态带。远眺梦想小镇的建筑，呈现的是"种"在金黄稻黍中的视觉效应。

"两区"是指绿色办公区和绿色生活区。这两个区域的主要特点是将绿化嵌入建筑物中，如在绿色办公区中，办公楼采用塔楼结构，将建筑物底部架空，进行绿化，为工作人员提供更健康的休息空间，并且减少热岛效应等城市环境问题。

"三星"是指三颗创业追梦星，分别为寻梦水乡、思梦花园和筑梦工厂。依照概念化设计方案，在寻梦水乡的部分，将新建一条东西走向的水系，以此来联系现状较为分散的水系，形成完整的水系统。在思梦花园里建立起湿地景观，净化水体和4D水秀剧场。筑梦工厂则是在保留原有的水泥厂遗址上进行改造，将原有的生产水泥的装置变成空气净化器和有机土壤生产器，不仅可以为小镇里的田野提供有机健康的土壤和洁净的空气，还能建立一个农场游乐园，为孩子提供一个更健康的娱乐场所。

第九节　创意农业特色小镇

　　草莓公社小镇位于承德市隆化县茅荆坝国家森林公园、七家森林温泉休闲旅游区，位于北京坝上草原出游黄金旅游线上。隆化县政府在打造茅荆坝七家森林温泉旅游区的基础上，以草莓元素为主题，以西道村草莓产业为依托，全力打造集"生态农业、温泉养生、草莓采摘、特色餐饮、田园风光、民俗展演、民宿体验"为一体的旅游目的地，打造"草莓公社"民宿品牌。草莓公社成为隆化县以休闲农业、创意农业引领第一产、第三产融合发展、实现"生态美与百姓富"的新型发展模式示范点。

　　草莓公社小镇依托于周边千亩四季草莓大棚、草莓产业基础，通过风雨廊桥、稻田栈道、百亩花海、草莓风车、水上乐园、草莓广场等项目、景观小品的建设营造整体的自然生态环境。为了草莓公社整体环境的营造，隆化县政府改善水、电、路、灯基础设施，实现了美化、绿化、亮化，提高了公共服务水平，提升了群众生活品质；投资700万元，按照特色民宿接待的规格和标准进行规划设计，将12家别墅型农户客房改造成草莓主题、欧陆风情的特色民宿；铺设完成4000平方米的村内道路；修建1000平方米停车场1处；修建拦河坝3道、游客接待中心1处、景观廊桥1座、风车景观4架、观景台3处；栽植金丝小柳树木500余棵；建玫瑰园1处、村民广场1处、儿童戏水池1处、露天舞台1座、烧烤乐园1处；供水排污设施可解决1500人的生活用水，日处理污水70吨。草莓公社基础设施、景观绿化、景观小品、服务设施、田园景观等整体休闲旅游环境基本打造完成。

草莓公社小镇的建筑风格是以草莓元素为主题，以欧陆建筑风格为特色进行农户住房改造，包括农户住房外立面改造、庭院营造、室内装修设计，提供草莓主题、欧陆风情特色住宿体验。建筑及景观小品营造过程中，草莓公社坚持融入特色文化主题元素，在草莓公社里，草莓元素无处不在，从廊桥、路灯、舞台到卡通雕塑、产品标志、餐饮用品，无不融入了鲜明的草莓文化元素。

小镇依托千亩四季草莓种植产业，通过民宿打造，植入草莓采摘、花海田园观光、特色餐饮、农事体验、滨水娱乐、民俗表演、森林温泉、旅游商品等业态内容，整合草莓产业链，打造草莓文化旅游创意品牌，以草莓种植和深加工为主体，拉动特色餐饮和民宿体验产业发展，成为深度开发农业资源、调整农业结构、增加农民收入的成功尝试，实现休闲农业与乡村旅游融合互促。村民转变了经营模式，由过去单纯卖草莓挣点小钱的"小农意识"，和"一间房、一个院、一顿饭"的传统农家乐经营模式，实现了传统农村朴素生活与新农村现代化生活品位的有机融合，四季草莓种植基地、草莓创意工坊、草莓庄园、草莓音乐广场、玫瑰园、演艺广场等现代旅游业态在这里汇集。

乡村特色餐饮以草莓公社菜园为原材料供应，游客在草莓公社可以体验草莓采摘、草莓产品DIY、草莓庄园、草莓音乐广场、玫瑰园、百亩花海、欢乐稻田、露营地等娱乐体验项目。

草莓公社大力引进草莓运输、包装、深加工项目，延长下游产业链条，提高附加值；打造伴手礼店，售卖草莓蛋糕、草莓甜品、草莓饮品、草莓酒、草莓宴等草莓主题高附加值旅游商品。

第十节 历史文化特色小镇

一、韩城芝川水镇

韩城芝川水镇是韩城的一个古镇,距市中心10千米,东濒黄河,西接卫东、芝阳两乡镇,北接金城区,占地155亩。韩城芝川水镇是依托司马迁祠4A级景区和黄河、黄土生态山水资源,深挖古镇2700年历史文化资源,承接黄河金三角旅游度假市场,以CTC(创意旅游综合体开发)为路径,打造成国内一流的"文化创意+生态涵养"综合型旅游目的地。

韩城芝川水镇的空间结构:韩城芝川水镇采用"28"空间发展模式构建——"两环八区"联动发展。"两环"分为"内环"和"外环"。"内环"是关中第一水街:构筑一条环线水系，沿水系布局水街，既是水镇的主干道、主游线、主街区，同时也是一条独具特色的旅游水系风景道。"外环"则是生态湿地景观环：在水镇东侧外围，依托现有荷塘，构筑生态湿地公园景观。在空间结构的科学引导下，结合项目地的资源特质，将地块以水体景观环为主线，以文化、功能为双核，沿水布局，合理划分为八大功能区，实现大项目带动、产业互为支撑的八区联动。"八区"分别为：南入口服务区、西入口服务区、芝川印象（商贸区）、芝川味道（商贸区）、芝川记忆（创意区）、芝川文化（演艺区）、芝川民俗（体验区）和水色芝川（宜居区）。而韩城芝川水镇的景观结构则是以水为骨架，以岛为填充的"皿"字形景观结构。

芝川镇又称为五门镇，因五道城门而得名。五道城门门额都有题字，南门门额——"古韩雄镇"，北门门额——"少梁故地"，西门门额——"梁山西拱"，东门门额——"紫气东来"，小南门门额——"高山仰止"。

通过结合当地饮食习惯及民俗特色，以前店后厂式的布局，打造特有的关中油坊、布坊、醋坊、辣子坊、豆腐坊、茶坊、面坊、醪糟坊、药坊等手工食品作坊，丰富芝川居民产业链，为游客提供体验式购物；同时沿水街布局关中主题餐饮和小吃店，充分满足游客对美食的体验感。芝川水镇有黄河文化、关中文化、《史记》

文化及少梁文化。因此，芝川水镇的开发体系构建为：多元文化再现，历史长廊画卷。按照芝川镇要素，打造集关中文化、《史记》文化、少梁文化等于一体的文化演艺盛宴，同时赋予观光、游览、餐饮等功能，让游客可以在观演中读懂芝川，在逛街购物中品味芝川。

除了悠久的历史文化底蕴，这里还有许多妙趣横生的民俗。根据记载，芝川古镇每年每次庙会都唱大戏，请好的戏班子，唱大戏三天三夜。每当庙会期四里八乡的亲朋好友、男女老幼都来瞧热闹。街道及各商号人山人海，商贸活动十分活跃。因此，芝川水镇设立古镇戏台，每逢节庆举办唱大戏活动，既丰富游客体验，又提升了古镇人气。同时配合戏曲民俗来配套周边的餐饮、茶馆、商铺等商业设施。将水上集市设立在古镇戏台西侧，与戏台呼应。居民以船为"花车"摊位，承载着新鲜的瓜果和特产前来赶集售卖，为水镇游客和第二居所业主提供生活必需品，既形成了一条独具特色的亮丽风景线又提升了水镇人气。最终使得芝川民俗街既是便民商业街又是民俗节庆游行主街区，以《史记·表》文化为主线，着力打造"史家绝唱，街纳十表"的景观大道，将《史记·表》文化融入灯光临水走廊。

二、乌镇

乌镇隶属浙江省嘉兴市桐乡，西临湖州市，北界江苏苏州市吴江区，为两省三市交界之处。陆上交通有县级公路姚震线贯穿镇区，经姚震公路可与省道盐湖公路、国道320公路、318公路、沪杭高速公路（申嘉湖高速）相衔接。乌镇距桐乡市区13千米，距嘉兴、湖州、吴江三市分别为27千米、45千米和60千米，距杭州、苏州均为80千米，距离上海有140千米。镇城面积71.19平方千米，建城区面积25平方千米。乌镇是典型的江南地区汉族水乡古镇，有"鱼米之乡，丝绸之府"之称。

乌镇的主题定位：一期景区为"深厚的文化底蕴原汁原味的水乡古镇""中国最后的枕水人家"的观光旅游景点；二期景区为"宿在乌镇，枕水江南"的休闲度假景区。形象口号："一样的古镇，不一样的乌镇。"

乌镇水系形态为十字形，西栅水系围合，东栅水街中轴；西栅水系：二河三湖、12座小岛，水网密布；京杭大运河、西市河；翡翠漾、喜鹊湖；游船码头元宝湖。西栅街区存留了大量明清古建和老街长弄，古建筑外观上保留了古色古香的韵味，而在内部则有选择地充实进了现代化的配套设施，在极大改善了原住民生活居住条件的同时，也给游客提供舒适的居住环境和全方位的休闲娱乐。东栅水系：一河一湖；游船码头为两省三市交界之处。东栅水乡风貌完整，生活气息浓郁，手工作坊和传统商铺各具特色，特色展馆琳琅满目。

乌镇业态是以游览、餐饮、购物为主的旅游目的地吸引物型业态。

乌镇模式为整体产权开发、复合多元经营、度假商务并重、资产全面增值。承接古镇文脉，保持古镇风貌，力求原汁原味，做到"整旧如故，以存其真"。具体的做法可归纳为"迁、拆、修、补、饰"五个字。所谓"迁"，搬迁历史街区内必须迁移的工厂、大型商场、部分现代民居；"拆"，拆除必须拆除的不协调建筑；"修"，用旧材料和传统工艺修缮破损的老街、旧屋、河岸、桥梁等；"补"，恢复或补建部分旧建筑，填补空白，连缀整体；"饰"，各类电线、管道全部地埋铺设，空调等现代设施全部遮掩。乌镇在开发中坚持"历史遗产保护和再利用"，具体实施了遗迹保护工程、文化保护工程、环境保护工程等"三大工程"。此外，乌镇更在不断完善和充实景区品牌文化内涵上进行创意突破，深层次地挖掘了民间传统文化。

乌镇开发的模式经验有典型意义，它在管线地埋、河道清淤、修旧如故、控制过度商业化等方面的成就，一直以来是全国古镇开发中的典范。

第十一节 主题娱乐特色小镇

迪士尼小镇是上海迪士尼度假区的重要组成部分，本质是以逛街为主题，主要提供餐饮、购物、剧院等服务的场所。迪士尼小镇的诞生与上海迪士尼度假区的开发密不可分。上海迪士尼度假区作为中国第二座迪士尼度假区及全球第六个迪士尼度假区，是一个全方位开发的度假目的地。上海迪士尼度假区集梦幻、想象、创意和探险于一体，延续全球迪士尼度假区的传统，为游客带来全球良好的度假体验，包括一座迪士尼传统主题乐园、两家主题酒店（上海迪士尼主题酒店、玩具总动员酒店）和购物餐饮娱乐区及配套休闲区。迪士尼小镇作为上海迪士尼度假区大型购物餐饮娱乐区的载体而诞生，成为依托迪士尼主题乐园开发的主题小镇。

迪士尼小镇是上海迪士尼度假区内的大型购物餐

饮娱乐区，占地面积 46 000 平方米，向公众免费开放。迪士尼小镇选址毗邻迪士尼主题乐园，游客游览完迪士尼主题乐园后还可以继续体验迪士尼小镇的魅力，同时，迪士尼小镇也是上海及其周边居民休闲购物的绝佳去处。

迪士尼小镇由"小镇市集""百食香街""百老汇大道""百老汇广场"和"迪士尼小镇湖畔"五个区域构成。国际化的迷人街区、独具特色的餐饮和购物胜地，让游客在流连忘返中得以感受意想不到的全新体验。迪士尼小镇设计风格完美融合了迪士尼传统元素、经典中式设计及海派文化元素；迪士尼小镇的标志为米奇造型的传统中国结，其他迪士尼传统典型元素无处不在；同时，传统海派石库门建筑风格被充分运用于迪士尼小镇，房子多为砖墙结构，弥漫着老上海石库门的格调气息，墙面上还印有老上海画报上的俏丽女子画像，代表了迪士尼对上海文化传承的敬意；小镇中西合璧的建筑风格和迪士尼的独特氛围吸引了众多游客观赏。进入小镇首先映入眼帘的是出镜率最高的蒸汽船米奇，迪士尼传统经典米奇元素也遍布迪士尼小镇各个角落，还有手戴米奇经典手套的热情工作人员，招呼游客，让游客在小镇也能感受到迪士尼乐园的欢乐氛围。

迪士尼小镇提供游客游览、购物、娱乐全方位的奇幻感受。"小镇市集"位于迪士尼小镇的中心区域，设有"迪士尼世界商店""小镇市集"特色商店和"甜蜜满勺"糖果店等精选的特色商店，给游客带来世界级迪士尼购物体验。"迪士尼世界商店"为游客提供琳琅满目的迪士尼原创服装、玩具、文具、收藏品和礼品以及特别为上海迪士尼度假区设计的商品。

"百食香街"经营业态以餐饮为主，游客可以在此品尝到世界各地的美食，开放式的厨房和露天餐饮区，营造一种温馨舒适、宾至如归的氛围。"百老汇大道"是精品购物街，以世界各地精品商品经营为主，游客还可以买到许多设计师与迪士尼合作的商品。除精品商店之外，"百老汇大道"还设有引领潮流的画廊，展示独具特色的进口藏品，使"百老汇大道"成为名副其实的精品购物之地。

"百老汇广场"与"百老汇大道"相连，是一个富有浪漫气息的剧院区域，坐落着迪士尼小镇的地标建筑"华特迪士尼大剧院"，为上海带来世界级的戏剧飨宴；全球首部普通话版本的迪士尼音乐剧《狮子王》就在"华特迪士尼大剧院"上演。大剧院周边配套精选餐厅，为大剧院顾客提供浪漫就餐场所；"华特迪士尼大剧院"让游客们的休闲度假体验更丰富。

"迪士尼小镇湖畔"位于临湖区域，以临湖餐厅、商品为主，设计灵感源自上海的航海历史，以清新的蓝、白、金交融的色调体现现代度假区的风格。迪士尼小镇湖畔特色使游客在享受高品质的餐饮和购物体验的同时，还可在此欣赏到星愿湖、奇幻童话城堡和上海迪士尼乐园酒店的美景。

迪士尼主题乐园还未正式开园前，迪士尼小镇就已经提前被挤爆，可见依托迪士尼乐园的迪士尼小镇的受欢迎程度。迪士尼乐园开园时，迪士尼小镇涌现了近50家商铺，包括众多知名度高且备受信赖的国内外品牌。

第十二节　健康疗养特色小镇

一、依云小镇

依云小镇位于法国 Haute-Savoie 地区，坐落在日内瓦湖南岸，从瑞士日内瓦机场经过 1 个多小时的车程便来到了美丽的依云小镇。这个小镇傍半圆形湖面而建，在小镇的背后，阿尔卑斯山高耸入云。雄伟的青山、碧绿的湖水、鲜艳的花儿、精致的住宅，这一切把这个法国南方小镇点缀得美丽而又温情。

"依云小镇"的名字 Evian 就是"水"的意思。在依云镇，70% 的财政收入和依云矿泉水相关；矿泉水厂 900 多名工人中，3/4 来自当地，也就是说，在这个 7000 多人的小镇里，有不少的居民与依云水发生着直接的关系。背靠阿尔卑斯山，面临美丽的湖泊，湖对面是瑞士的洛桑。依云是休闲度假的好去处，夏天疗养，冬天滑雪。

依云镇独特的地理构造成就了依云水。依云镇背后雄伟的阿尔卑斯山是依云水的源头，来自高山的融雪水和依云镇山地雨水在阿尔卑斯山脉腹地经过长达 15 年的天然过滤和冰川砂层的矿化形成了依云矿泉水。小城因为依云矿泉水的名气成为一个旅游会议城镇。

法国埃维昂依云温泉是以依云水著称的温泉，是世界上少有的天然等渗性温泉水。小镇最著名的是疗养中心和 SPA 会所，有医生处方疗养和美容瘦身 SPA 结合。因为这里的温泉源于阿尔卑斯山，泉水清明洁净，含钙、镁、锌、锡等，因此对治疗皮肤、泌尿、消化、神经系统，以及心脏血管等方面疾病有较好的疗效。

依云小镇从初期的疗养胜地，到水主题的养生度假胜地，最后走向集聚旅游度假、运动、商务会议等多功能的综合型养生度假区。依云小镇现已经成为会议之都，处于高端发展期。功能布局主要包括：滨湖地带建设旅游休闲集中区，小镇中心和度假服务区提供度假和居住的服务配套，形成四季皆宜的养生度假区。其中，滨湖旅游休闲区主要包括：游艇码头、湖滨休闲广场、博彩中心、滨湖休闲道；小镇中心包括：火车站、体育场、教堂、学校、旅馆、工业区、居住社区；度假服务区包括：依云水平衡中心、依云水厂、影剧院、酒店、餐馆、酒吧、广场、游客服务中心、度假物业、高尔夫；旅游板块包括：乘船到附近日内瓦、洛桑、蒙特勒观光游览，或者直升机飞到高山去滑雪。通过构建多元的配套设施，逐步形成矿泉水制造、美体保健、商务会展、旅游观光以及户外运动为一体的产业体系。

二、桐庐健康小镇

桐庐，传承至今的古行政区名，意为桐君老人于桐君山下，结庐采药、治病救人。相传桐君是上古时药学家，黄帝之臣，以擅长本草著称，桐庐也成为名副其实的"中医药鼻祖圣地"。近年来，桐庐先后被命名为"中医养生保健基地""华夏养生福地""中国长寿之乡"。

正是因为这样得天独厚的中医药文化基础，自2013年起，桐庐县政府就敏锐地抓住了健康服务业这一朝阳产业的发展机会，未雨绸缪地在大奇山国家森林公园旁建起了富春山健康城，经过一年多的发展，富春山健康城已经初具雏形，为将来这一片区打造养生健康小镇埋下了坚实的伏笔。

总规划面积6.06平方千米的"健康小镇"，因其三面环水一面临江，地形宛如一把太师椅，山水繁盛，绿意葱茏，成为得天独厚的风景佳地。空气常年清新，空气中负氧离子浓度为每立方厘米 5130 个以上，是普通城市的 50 倍，噪声范围仅为 20~30 分贝，还有远离水质污染的直饮水库。

健康小镇的区块内有大奇山国家森林公园、巴比松米勒庄园、杭州潇洒运动休闲公园、大奇山郡、凤川玫瑰园、桐君堂医药博物馆、颐居养生园、大奇山村落风景区等旅游健康休闲综合体。小镇西侧的健康细胞园区块，建设用地 100 亩，未来会成为一个细胞"银行"——将目前健康状况良好、活跃的人体干细胞、脐带血等进行低温保存，以备不时之需。

小镇中间区域未来则会成为智慧健康产业孵化园，通过提高、扶持、孵化，扩展和集聚发展引进一批信息经济、智慧经济、健康产业、文化创意、电子商务、体育休闲、总部经济等新兴经济业态，将智慧健康产业、孵化园培育成桐庐经济新增长点。

第十三节　风情主题特色小镇

一、嘉善巧克力甜蜜小镇

巧克力甜蜜小镇坐落于浙江嘉善大云镇，是国内首家、亚洲最大的巧克力特色旅游风景区。嘉善根据浙江省"产业定位要特而强、不搞大而全""功能叠加要聚而合、不搞散而弱""建设形态要精而美、不搞大而广""制度供给要活而新、不搞老而僵"的创建要求，紧紧围绕"浪漫甜蜜"这个主题，提出并切实地贯彻了"以旅游为主线、以企业为主体、以文化（甜蜜）为灵魂、以生态为主调"的创建理念，着力整合全县"温泉、水乡、花海、农庄、婚庆、巧克力"等浪漫元素，建设一个集工业旅游、文化创意、浪漫风情为一体的体验式小镇,将巧克力的生产、研发、展示、体验、文化和游乐有机串联起来,是一个典型意义上的工业旅游示范基地。

按照特色小镇申报要求,嘉善按照5A级景区标准规划建设巧克力甜蜜小镇。小镇围绕产业培育和旅游度假两大功能,以当地自然乡村田园风光为背景,保留原始水系和原始风貌,通过挖掘巧克力文化内涵,把巧克力小镇建设成为国内著名的巧克力风情体验基地、婚庆蜜月度假基地和文化创意产业基地。主题园按照歌斐颂巧克力制造中心、瑞士小镇体验区、浪漫婚庆区、儿童游乐体验区、休闲农业观光区的"一心四区"进行布局。重点实施斯麦乐巧克力工业旅游示范区、歌斐颂巧克力主题园区、云澜湾休闲度假园区、十里水乡休闲配套区、巧克力产业配套园、天洋"梦东方"巧克力世界等六大类项目,计划总投资55亿元,规划建设面积3.17平方千米。

作为省级特色小镇建设项目之一,歌斐颂巧克力小镇集巧克力生产、研发、展示、体验、游乐及休闲度假于一体,让游客彻底融入巧克力文化之中。斯麦乐巧克力乐园一期主要功能为巧克力体验中心,它由巧克力工厂、歌斐颂巧克力世界和斯麦乐花果园构成。作为国内唯一一个拥有巧克力生产工厂和巧克力体验项目的乐园,以巧克力"体验"和"文化"为理念,将巧克力的食用性、观赏性、体验性和衍生性相结合,从国外引进Mini巧克力生产线,可以让游客定制一份专属于自己的巧克力。只要在计算机终端输入自己对巧克力的特殊需求:什么口味,可可含量多少,加什么料,甚至可以在巧克力下刻下名字,30分钟后就能拿到。

除此之外,巧克力小镇还拥有独一无二的自然乡村田园风光,保留原始水系和原始风貌,是一处都市郊野休闲的后花园。整个乐园内弥漫着巧克力芬芳的空气,建筑采用欧式风格,温润而醇厚的红黄色调、穹隆顶阁、楼亭、罗马柱,营造了浓浓的巧克力发源地的文化印记和欧洲情调,如时空穿越般让人漫步在"欧洲风情的巧克力小镇"中。

甜蜜小镇是国内首个巧克力工业旅游项目,不仅填补了国内巧克力工业旅游的空白,而且,巧克力作为一种时尚食品,通过一定的策划、包装、拓展,可以打造成为一种独特的旅游景区产品,并形成独具巧克力文化魅力的主题乐园,其旅游潜力更大,成效将更明显。同时作为一种特色旅游产品,在本区域内可与其他成熟旅游产品如古镇西塘等互补并有机组合起来,形成相对固定的产品推向市场,形成更强的市场吸引力,提高旅游附加值。

二、越城黄酒小镇

绍兴黄酒小镇东浦片区坐落于绍兴黄酒的发祥地——千年酒乡东浦镇。所谓"越酒行天下，东浦酒最佳"。东浦古镇位于绍兴市区西北方向，离市中心仅8千米之遥，15分钟的车程即到，交通十分便捷。古镇老街新桥上有一副对联——"浦北中心为酒国，桥西出口是鹅池"，便点出了东浦的特产是酒。

2015年6月，浙江省公布第一批37个特色小镇省级创建名单，绍兴黄酒小镇赫然在列。小镇以"大绍兴、大黄酒、大文化、大旅游"为战略目标，按照"一镇两区"的创建模式，着力做好黄酒产业创新、黄酒文化旅游发展和黄酒养生社区打造工作。东浦片区以千年古镇为基础，重点推进黄酒产业创新提升、黄酒历史文化和生态旅游。黄酒小镇东浦片区规划总面积约4.6平方千米（含水面1平方千米），共分为13个功能区块。

特色小镇除了承载沉甸甸的历史文化，还能接轨未来、孕育新经济。在绍兴，不乏经济名镇，但东浦镇多少显得有些落寞。地处绍兴大三区（越城、柯桥、上虞）中心，却没有形成自身的核心产业。自20世纪90年代以来便成了"隔壁"轻纺城的"配套"：纺织、印染、化工、建筑、物流样样有，却从未自成一派。

多年来的实践表明，地处大绍兴核心，传统工业经济的发展空间越来越小。同时，原有的产业结构又比较低端，安全、环境隐患大，发展高新技术产业也不是件容易的事，但经济增长模式和产业结构的转型则是肯定的。

浙江特色小镇概念为"非镇非区"，既不是行政区划单元上的"镇"，也不是产业园区、风景区的"区"，而是按照创新、协调、绿色、开放、共享的发展理念打造，具有明确产业定位、文化内涵、旅游特征和一定社区功能的发展平台。

围绕绍兴黄酒小镇的建设，发展"特色小镇经济"。充分发挥好东浦集镇的配套功能，提升小镇的生活质量，不仅让游客喜欢来，更让创业者留下来，把外出务工者吸引回来，打造黄酒小镇特有的慢生活。小镇目前规划的功能区有黄酒产业创意园区、黄酒博物馆、酒吧街区、酒店区、越秀演艺中心、游船码头、游客中心及配套设施、酒坊街区、民宿街区、民俗街区、黄酒文化养生社区、名人艺术中心，每个区块都围绕黄酒延伸出产业、文化、旅游和社区等不同的功能，打造一个充满产业动力和生活气息的"特色小镇"。

浙江之所以在城乡接合部建"小而精"的特色小镇，就是要在有限的空间里充分融合特色小镇的产业功能、旅游功能、文化功能、社区功能。可以说"黄酒"模式为"特镇经济"带来了新的经济增长点。